DIÁLOGOS SOBRE A FÉ

MARTIN SCORSESE
ANTONIO SPADARO

DIÁLOGOS SOBRE A FÉ

Tradução
Aline Leal

1ª edição

EDITORA RECORD
RIO DE JANEIRO • SÃO PAULO
2025

CIP-BRASIL. CATALOGAÇÃO NA PUBLICAÇÃO
SINDICATO NACIONAL DOS EDITORES DE LIVROS, RJ

S437d Scorsese, Martin
Diálogos sobre a fé / Martin Scorsese, Antonio Spadaro ; tradução Aline Leal. - 1. ed. - Rio de Janeiro : Record, 2025.

Tradução de: Dialoghi sulla fede
ISBN 978-85-01-92452-0

1. Scorsese, Martin, 1942- - Entrevistas. 2. Spadaro, Antonio, 1966- - Entrevistas. 3. Cinema - Aspectos religiosos. 4. Religião e cinema. I. Spadaro, Antonio. II. Leal, Aline. III. Título.

25-97598.0 CDD: 791.43682
CDU: 791.43:2-1

Gabriela Faray Ferreira Lopes - Bibliotecária - CRB-7/6643

Título original em italiano: Dialoghi sulla fede

Texto revisado segundo o Acordo Ortográfico da Língua Portuguesa de 1990.

Direitos exclusivos de publicação em língua portuguesa somente para o Brasil adquiridos pela
EDITORA RECORD LTDA.
Rua Argentina, 171 – Rio de Janeiro, RJ – 20921-380 – Tel.: (21) 2585-2000,
que se reserva a propriedade literária desta tradução.

Impresso no Brasil

ISBN 978-85-01-92452-0

EDITORA AFILIADA

Seja um leitor preferencial Record.
Cadastre-se no site www.record.com.br
e receba informações sobre nossos
lançamentos e nossas promoções.

Atendimento e venda direta ao leitor:
sac@record.com.br

Sumário

Para minha mãe, Grazia, e meu pai, Santi,
porque me ensinaram a ver as histórias.

INTRODUÇÃO

Nova York. Em 3 de março de 2016, toco a campainha da casa dos Scorsese: é um dia frio, mas claro. É uma hora da tarde. Sou recebido na cozinha, como se fosse da família. A pessoa que abre a porta para mim pergunta se quero um bom café. "Italiano", especifica. Aceito. Estou com frio. Cheguei um pouco adiantado e preferi esperar dando uma volta no quarteirão. A ideia de um café quente — e italiano — me atrai. Quem me recebe na sala de estar é a esposa de Martin, Helen. Tenho uma forte sensação de estar em casa. Conversamos bastante antes da chegada de seu marido, sentados no mesmo sofá.

Martin chega acelerado e com um sorriso acolhedor. Logo falamos sobre nossas raízes em comum. De certo modo, somos "conterrâneos". Ele já sabe que sou de Messina. Diz que é de Polizzi Generosa, na metade do caminho entre Messina e Palermo. Ou melhor: seu avô era de lá. Mas para ele é claro que suas raízes estão lá. Polizzi Generosa é a terra natal de Giuseppe Antonio Borgese, pensador, literato e político, e do cardeal Mariano Rampolla del Tindaro, secretário de Estado de Leão XIII e quase eleito pontífice.

Contudo, não falamos sobre eles. Lembramos de sua vida de neto de imigrantes nos bairros de Nova York, sua vida como coroinha. É de onde surge uma mistura de laços de sangue, violência e sagrado. Para Martin, os rituais na Igreja eram dramáticos, as liturgias, belíssimas. Essas recordações se fundem com as lembranças de menino que, inconscientemente, fez da rua seu primeiro set cinematográfico: o set de sua imaginação, dos seus sonhos e pesadelos, com gângsteres e padres entre os personagens.

"Quando era garoto, eu tive muita sorte, porque havia um padre extraordinário, o padre Principe. Aprendi muitíssimo com ele, como a piedade por mim e pelos outros", Martin me diz. Talvez, falando comigo, Scorsese tenha na cabeça o padre Principe, siciliano como eu. E assim compreendo que, para ele, a religião não é coisa dos anjos, mas dos homens.

"A graça no território do diabo": a expressão de Flannery O'Connor poderia resumir a obra de Scorsese, acredito. Ele me contou que em seu livro *Absence of Mind*,

Marilynne Robinson escreveu algo que o marcou profundamente: "Somos brilhantemente criativos e, do mesmo modo, brilhantemente destrutivos." Isso torna o homem inexplicável, ou seja, irredutível a explicações: é "o grande e espantoso mistério do nosso mero existir, do viver e do morrer". Parece-me que, para Martin, há uma diferença radical entre um problema e um mistério — no mistério, a resposta não esgota a pergunta. E os mistérios não devem se tornar problemas.

Quando era coroinha, ao sair da igreja após o fim da missa, ele se perguntava: "Como é possível que a vida siga em frente como se nada tivesse acontecido? Por que nada mudou? Por que o mundo não é sacudido pelo corpo e pelo sangue de Cristo?"

Por que o mistério da morte e da ressurreição não muda o mundo? É uma pergunta pungente, mística. Como Scorsese pôde carregá-la consigo durante décadas de sua vida? Sem dúvida, por meio do cinema — de *Touro indomável* a *O silêncio*, passando por *A última tentação de Cristo*. Para realizar este último filme, ele esteve em Jerusalém. "Me levaram à igreja do Santo Sepulcro", conta. Ele me diz que esteve na tumba de Cristo, que se ajoelhou, fez uma oração, mas não se sentiu diferente. No entanto, ficou muito impressionado com a geografia do lugar. Depois, porém, ele entrou em um avião monomotor e... "De repente", ele me diz, "tive uma sensação total de amor..." É esta a resposta à pergunta que ele havia feito antes: "Algo mudou." Saio da casa de Scorsese às três e meia da tarde, e, do lado de fora, está menos frio do que quando entrei. Caminho ao largo do Central Park na volta para casa.

Encontro o sr. Scorsese de novo no dia 25 de novembro do mesmo ano, em Roma. São cinco horas da tarde. Chego ao seu hotel antes do horário marcado e aprecio o pôr do sol, que parece pintado por um impressionista. Passo pela porta do hotel poucos instantes antes de Helen, que está chegando. Quando a vejo, tenho a impressão de que não tínhamos deixado de conviver. Sentamos para tomar um chá. Sou eu que tomo, na verdade; ela bebe um copo d'água. Conversamos, e quase me esqueço de que eu havia ido até lá para ver seu marido. "Ele já está chegando", ela me diz. E eu respondo: "Quem?"

Levanto-me e vou em direção ao sr. Scorsese, sempre vestido em tons escuros, mas sem os óculos, que leva a tiracolo. Seu aperto de mão é quente como seu sorriso. Nós nos sentamos, e com ele chegam pão, grissini, azeite, sal, biscoitos e seu café americano com leite. Comemos. E retomamos a conversa sentados a uma mesa no canto da elegante, mas sóbria e acolhedora, sala à nossa disposição.

Voltamos à conversa sobre a graça, iniciada em Nova York. Martin me diz que, depois daquele encontro, passou por uma cirurgia nos olhos em Indianápolis e teve de ficar muito tempo sem poder ler. Então, recorreu a audiolivros e escutou Dostoiévski até não poder mais. Falamos dos Karamazov e de como ele aproveitou e lutou com a própria imaginação escutando. Eu lhe digo que o papa Francisco também ama Dostoiévski. "Interessante", ele me diz. "E de qual livro ele mais gosta?" Eu lhe digo que seu romance preferido é *Memórias do subsolo*. Ele se sobressalta. "Mas é o meu também!", exclama. "*Taxi driver* é o meu *Memórias do subsolo*!"

Retomamos nossos diálogos sobre a graça em junho do ano seguinte. Então lhe peço para fazer uma reflexão sobre sua vida, em especial sobre seus erros, falando com jovens que começam sua jornada. Ele aceita e contribui com um capítulo para o livro *La saggezza del tempo*.* O objetivo do volume era apresentar histórias que pessoas mais velhas contavam aos mais jovens para ligar as gerações. O papa Francisco também estava entre os protagonistas. Martin se abre por completo e escreve, entre outras coisas: "Acho que aprendi mais com os fracassos, com a rejeição,

* *La saggezza del tempo. In dialogo con papa Francesco sulle grandi questioni della vita*, organização de A. Spadaro, Veneza: Marsilio, 2018.

com a hostilidade do que com o sucesso." Depois, ele vem a Roma para a apresentação do livro com o pontífice, em 23 de outubro de 2018. Naquela ocasião, faz publicamente uma pergunta ao papa: "Santo padre, hoje as pessoas têm tanta dificuldade de mudar, de acreditar no futuro. Não se acredita mais no bem. Olhamos ao redor, lemos os jornais, e parece que, a essa altura, a vida do mundo já está marcada pelo mal, até mesmo pelo terror e pela humilhação. De que modo um ser humano pode viver uma vida boa e justa hoje, em uma sociedade na qual o que nos impulsiona a agir são a ganância e a vaidade, onde o poder se exprime com violência? Como faço para viver bem quando experimento o mal?" Uma pergunta forte, à qual o papa responde olhando-o nos olhos. Lembro-me, então, do abraço com ele e Helen: naquele momento, algo se acendeu, talvez a percepção de uma missão. Revi aquele mesmo olhar de entendimento profundo em 21 de outubro de 2019, quando Francisco e Martin se reencontraram brevemente durante um intervalo do Sínodo para a Amazônia.

Depois eu o convido para participar com um depoimento da série da Netflix *A sabedoria do tempo, com papa Francisco,* inspirada naquele livro. Ele aceita e é entrevistado por sua filha, falando sobre si mesmo, sem filtros: "Nós que dirigimos filmes não fazemos isso por nós mesmos, mas para fazer justiça à vida que nos rodeia e para responder à pergunta sobre o que é o ser humano", afirma.

Eu o vejo mais uma vez em um jantar em sua casa, em meados de fevereiro de 2019. Naquela noite, conversamos muito sobre Bruce Springsteen, aquele de "Badlands" e "The rising". Quando saio, tarde da noite, me volta à cabeça sua pungente "New York City serenade" — "It's midnight in Manhattan, this is no time to get cute..." — e me emociono.

Conversamos sobre a importância do drama, de romances dramáticos, daqueles que refletem a vida e não as ideias, das memórias. Ele me disse que aprendeu a olhar nas ruas, e que continuava aprendendo a olhar fazendo filmes. "Isso também é uma espécie de graça", ele me disse. "Para mim, tudo se reduz à questão da graça. A graça é algo que acontece ao longo da vida. Ela chega quando você não espera."

No mundo, difunde-se um vírus que frequentemente é letal. Estamos em plena pandemia, e lembro que Martin sofre de asma desde menino. Vem à minha cabeça a cirurgia nos pulmões que o papa Francisco fez quando era jovem. Eu me pergunto como o fôlego curto influencia a visão sobre a vida. Então decido, no fim da primavera de 2020, perguntar a Scorsese como ele está vivendo o tempo de clausura forçada devido ao novo coronavírus. Quais os ecos e as repercussões? Trocamos perguntas e respostas por e-mail, em um diálogo breve, mas que foi aperfeiçoado pelo cineasta sete vezes, com o desejo de ser preciso sobre uma experiência que o marcou profundamente.

"Eu me vi sozinho, no meu quarto, vivendo de uma respiração a outra...", ele me escreve sobre sua quarentena. Uma recordação que certamente o levou de volta à juventude, quando costumava olhar o mundo de sua janela: "A lembrança de ter olhado para a rua e visto tantas coisas, algumas bonitas e outras horríveis, e outras indescritíveis, para mim é central", ele me diz. Seu "cineolho" é a janela de casa, lugar de elaboração das ações e dos acontecimentos humanos, aquilo que ele vê na rua. Triunfa a graça no que ele me diz, e seus olhos a revelam vibrando. "Tenho uma forma de graça ao meu redor", ele me diz com um sorriso. E olha para a esposa. Mas a graça sobre a qual ele me fala seria completamente irreconhecível sem a poeira e as sombras. Em plena pandemia, quando ouvia que "o ar que nos circunda, o ar que nos nutre, poderia nos matar", ele me diz: "Ser. Respirar. Aqui. Agora. Tudo isso não é graça?"

Outubro de 2022: pela primeira vez depois da pandemia nos encontramos em sua casa para jantar. Antes de nos sentarmos, ele me presenteia com um pequeno livro de sua biblioteca, chamado *A prática da presença de Deus*, do irmão Lourenço da Ressurreição, um frade carmelita da metade do século XVII, com prefácio de Dorothy Day. Noto que alguns trechos estão sublinhados, em especial uma passagem que diz que para estar com Deus basta "fazer de nosso coração um oratório onde nos recolher de vez em quando para nos distrair docemente, humildemente e amorosamente com Ele".

Ele me mostra algumas imagens e sequências de *Assassinos da lua das flores*. São de uma beleza de tirar o fôlego. Reconheci citações de Georges de La Tour, entre outras coisas. Então, conversamos sobre romances, o que acontece em uma história e a perspectiva cristã nas narrativas. Concordamos em um ponto fundamental: é possível que a graça toque uma experiência humana. E isso significa admitir que é possível uma mudança radical como reação ao toque — uma carícia ou um tapa — daquela graça. Estávamos de acordo, enfim, sobre o fato de que realmente é possível mudar: mudar a vida, não somente as ideias. Fiquei impressionado com Helen: sua presença, apesar da doença, é sempre atenta. Participa da nossa conversa com olhares intensos e poucas palavras, mas sempre afiadíssimas, precisas, certeiras.

Martin pede que eu me encontre com Kent Jones, diretor e crítico de cinema que trabalha com ele desde os anos 1990. Eu estava prestes a voltar para Roma e ele estava fora da cidade, mas conseguimos organizar um encontro, cerca de uma hora em um pequeno café embaixo do Rockefeller Center. Foi uma conversa profunda. Descobri nele uma personalidade serena e intensa. Ele tem o temperamento oposto ao de Martin, mas entendi a profunda sintonia que existe entre os dois.

De volta a Roma, refleti sobre a conversa e lhe mandei um e-mail. Escrevi-lhe a respeito de um livro sobre Jesus que eu estava terminando, *Uma trama divina: Jesus em contracampo.** Não era uma biografia, mas um comentário composto por quadros "cinematográficos", à sua maneira. O papa Francisco escreveu um prefácio ao volume, refletindo sobre a figura de Jesus. Senti que devia compartilhá-lo com ele. O texto do pontífice conclui com um apelo aos artistas, a nos fazer ver Jesus com "a genialidade de uma linguagem nova, de histórias e imagens potentes".

Scorsese sentiu a força de um convite pessoal. Ele me escreveu cerca de dez dias depois, dizendo que sentia a necessidade de responder. Não com um ensaio, mas como diretor de cinema — explicava ele —, com um roteiro, "algo que capture o olhar e a mente de modo inesperado". Quando

* A. SPADARO, *Una trama divina. Gesù in controcampo*, Veneza: Marsilio, 2023. [Edição brasileira: *Uma trama divina: Jesus em contracampo*. Curitiba: Carpintaria, 2024.]

recebi o roteiro, fiquei comovido pelo gesto. Estava de férias na casa de um amigo jesuíta na França e era hora do almoço. Comecei a andar em círculos pelo cômodo para aliviar a tensão enquanto lia o texto. Depois de ter relido algumas vezes o roteiro, senti que ali dentro — "talvez a base para um filme", ele acrescentara — havia muitíssimo de sua obra e de si mesmo. Obviamente não tem nada a ver com *O rei dos reis*, mas não se esgota em um Hamlet nem em um James Dean. Martin, enfim, me escreveu: "Estou apenas buscando acolher o chamado do papa aos artistas com uma possível resposta, que pode levar a outras respostas."

Eu o reencontro no meio de abril de 2023 para uma longa conversa. No jantar de seis meses antes, eu havia dito a ele que estava organizando, com a revista *La Civiltà Cattolica* em colaboração com a Universidade de Georgetown, um encontro entre quarenta poetas de todas as partes do mundo sobre o tema da imaginação e o catolicismo. Seria em maio. Na ocasião, eu lhe perguntara se desejava participar e tive a impressão de que havia uma possibilidade. Então, combinamos tudo. Ele nos encontraria logo após o Festival de Cannes, onde apresentaria seu *Assassinos da lua das flores*.

Martin chega a Roma e se hospeda em um hotel em frente às minhas janelas. Nós nos vemos na noite de 26 de maio para uma conversa rápida, e na manhã do dia seguinte estamos juntos na audiência com o papa Francisco concedida aos participantes do encontro dos poetas — um momento esplêndido, no qual Martin deu a Francisco presentes da comunidade Osage. À tarde, Martin participou do nosso encontro, um diálogo muito aguçado e intenso entre nós dois. As anotações desse diálogo foram então desenvolvidas por escrito.

À noite, nos encontramos novamente para jantar. Nossa conversa caiu em Marilynne Robinson, uma das maiores escritoras vivas. Ela, como calvinista fervorosa, acredita na "predestinação". Nesse ponto peguei pesado, pesado demais — inutilmente, admito. E disse: "Seu gênio poético a salva, ou melhor, salva as histórias que escreve por sua fé na predestinação. Quem acredita no fato de que somos predestinados à salvação ou à condenação não pode escrever histórias interessantes, porque falta uma peça fundamental para que uma história dê certo: a liberdade."

Prometi a Scorsese que vou tentar entender melhor o pensamento de Robinson — não amar seus textos, porque isso já faço. Empenhei-me nesse entendimento, porém, de uma coisa tenho absoluta certeza: uma história interessante não pode "já" estar escrita. Um personagem vive apenas enquanto seu autor o escreve. Virando a esquina, pode topar com uma emboscada qualquer. Pode ser um santo que de repente vai parar no inferno, ou um condenado que imprevisivelmente salva a si mesmo (e quem sabe alguma outra pessoa). E isso acontece porque algo desperta sua liberdade — sem acorrentá-lo a um destino já escrito em algum lugar (que seja a mente do Pai Eterno ou de um escritor, não importa). Volto para casa a pé com Kent e Marianne Bower e continuo o assunto com eles. Gostaria que aquela noite não chegasse ao fim.

A conversa com Martin prossegue, o fio não se interrompe. Eu o revejo para comemorar seu 81º aniversário em Nova York, em 18 de novembro de 2023. O dia certo é 17, mas ele estava voltando de Los Angeles. Antes do jantar, retomamos algumas das nossas conversas em aberto. Mary Karr e Fran Lebowitz se juntam a nós. Alguns dias antes, eu havia assistido a *Assassinos da lua das flores* de novo. Estava cheio de perguntas. Eu lhe faço algumas, mas anoto as outras. São a base para uma próxima conversa.

Encontro Martin novamente em Roma em 31 de janeiro de 2024, em ocasião de um jantar em sua homenagem e a Lily Gladstone para celebrar o filme *Assassinos da lua das flores*. No quarto dele, conversamos a respeito do filme sobre Jesus. Ele me diz que uma amiga lhe perguntara qual era a "sua" imagem de Cristo, aquela que ficara impressa em sua mente. Ele me mostra uma imagem no iPad. Era um Cristo deposto da cruz que o acompanha desde menino. Ficamos em silêncio. Depois falamos deste livro de conversas sobre a fé. Tive a impressão de que esse diálogo com Martin é um único e longo diálogo em etapas. Há um fio profundo que une nossas palavras. Um fio que me acompanha no labirinto.

***

O texto dos nossos diálogos sobre a fé acaba com o texto do roteiro de "um possível filme sobre Jesus". Ele é parte dessas conversas, no sentido de que a ideia de escrevê-lo nasceu dentro delas. A decisão de dirigir o filme foi confirmada por Scorsese, e o roteiro no qual o diretor está trabalhando agora é diferente. Este primeiro esboço é uma obra por si só, portanto, que representa a decisão e a necessidade do diretor de "nos mostrar Jesus". Um critério fundamental de sua realização é certamente a iminência da figura de Cristo, e é muito relevante notar como Scorsese insere referências aos seus filmes anteriores, como se fizesse uma nova interpretação deles.

Seu companheiro ideal em sua redação foi certamente o escritor japonês Shūsaku Endō (1923-1996), que se converteu ao cristianismo ainda jovem. De Endō, Scorsese assume a necessidade de representar Jesus como um ser realmente humano, uma pessoa, "alguém que se pode conhecer e com quem se pode falar". É esta, em particular, a pergunta do escritor japonês que modela a imaginação do diretor: "Como pode Jesus fazer com que o Deus do amor se encontre com a realidade concreta da vida?" É esse o ponto-chave. A primeira resposta que Endō descarta — e Scorsese também — é a milagrosa. E é muito evidente que "Jesus nunca fez de seu triunfo o objetivo da missão". Assim, para Scorsese, Jesus nunca poderia ser representado como o *Rei dos reis*. A divindade de Jesus, de fato, irrompe de sua humanidade.

Antonio Spadaro

SILÊNCIO

Como você teve a ideia do projeto de Silêncio*? Sei que é o seu projeto do coração e que ficou na sua cabeça por anos... talvez vinte ou até trinta anos...*

Ganhei o romance de Shūsaku Endō, *O silêncio*, em 1988. Terminei a leitura em agosto de 1989, no trem-bala saindo de Tóquio a Kyoto, após ter interpretado Van Gogh em *Sonhos*, de Akira Kurosawa. Não sei dizer se naquele momento eu de fato estava ou não interessado em transformar o livro em um filme. A história era tão inquietante, me tocava de forma tão profunda, que não sabia nem se conseguiria encará-la. Mas, com o passar do tempo, algo em mim parecia repetir: "Você precisa tentar." Adquirimos os direitos por volta de 1990-1991.

Cerca de um ano depois, me juntei com meu amigo e colega roteirista, Jay Cocks, e tentamos rascunhar alguma coisa. Eu não estava nem um pouco pronto para começar. No entanto, foi o início de um longo processo que levaria ao primeiro esboço real do roteiro, em dezembro de 2006. Foi aí que delineamos a estrutura concreta de um filme. Durante todos aqueles anos, nunca tinha conseguido, de jeito algum, sequer imaginar que faria mesmo aquele filme. Teria sido... presunçoso da minha parte. Não sabia como lidar com os assuntos. E, além do mais, era extremamente difícil pensar no projeto concretizado de forma realística, mesmo depois que tivéssemos o esboço do roteiro.

Ao longo dos anos surgiram tantos problemas legais e econômicos que a questão toda foi se tornando um nó górdio, e a tentativa de desfazê-lo envolveu uma infinidade de pessoas e de tempo. Depois, surgiu o problema dos atores. Eu tinha encontrado atores que me agradavam e que estavam "dentro do orçamento". Eles haviam concordado em fazer o filme, mas então o tempo passou e eles não estavam mais "dentro do orçamento", ou envelheceram demais, ou até as duas coisas. Atores que exigiam certa garantia de dinheiro para fazer o filme, e atores que queriam de fato interpretar os papéis. Um processo muito, muito demorado — dezenove anos, para ser exato —, com muitas pausas e retomadas.

Olhando para trás, acho que esse longo processo de gestação se tornou um modo de *viver com* a história e de viver a vida — *a minha vida* — em torno dela. Em torno das ideias que estavam no livro. E fui provocado por aquelas ideias a pensar mais sobre a questão da fé. Olho para trás e vejo que tudo se junta na minha memória como em uma espécie de peregrinação; foi o que senti. Fico espantado por ter recebido a graça de ser capaz de fazer o filme agora, nessa altura da minha vida.

Como o desejo de fazer esse filme o impactou? Era uma ideia a ser realizada no futuro, ou o desejo de fazê-lo inspirou de alguma maneira o seu trabalho nos últimos anos?

Bem, como eu dizia: ele esteve *comigo*, vivi com ele. Então, acho que impregnou tudo o que fiz. As escolhas que fiz. As maneiras de abordar determinadas ideias e cenas em outros filmes que realizei ao longo dos anos. Em outras palavras, por um lado, existia o desejo de fazer exatamente esse filme; por outro, havia a presença do romance de Endō, sua história, como uma espécie de estímulo a refletir sobre a fé — sobre a vida e sobre como se vive; sobre a graça e como a recebemos; sobre como, no fim das contas, elas podem ser a mesma coisa, acho... Isso, por sua vez, me deu mais força e mais clareza para encarar a tarefa de fazer o filme.

Para você, acreditar em Deus e ser católico são duas coisas diferentes, se entendi bem. O que quer dizer com isso?

Bem, eu me interesso pela maneira como as pessoas percebem Deus ou, por assim dizer, como percebem o mundo do intangível. Há muitos caminhos, e acredito que o caminho que escolhemos depende da cultura da qual fazemos parte. Meu caminho foi, e ainda é, o catolicismo. Depois de muitos anos em que considerei outras coisas, experimentei isso e aquilo, me sinto mais confortável como católico. Acredito nos princípios do catolicismo. Não sou um doutor da Igreja. Não sou um teólogo capaz de analisar a Trindade. E certamente não me interessam as políticas da instituição. Mas a ideia da Ressurreição, a ideia da Encarnação, a mensagem poderosa de compaixão e amor... essa é a chave. Os sacramentos, se você consegue se aproximar deles, *experimentá-los*, o ajudam a estar próximo de Deus.

Porém, eu sei que isso levanta o questionamento: "Sou um católico praticante?" Se a pergunta significa "Você é uma pessoa que tem o hábito de ir à igreja?", a resposta é não. No entanto, desde garoto me convenci de que a prática religiosa não é algo que acontece somente em uma estrutura consagrada e durante rituais específicos realizados em certa hora do dia. A prática acontece fora, o tempo todo. Praticar, na verdade, é fazer *qualquer coisa* que você já faça, de bom e de ruim, e refletir sobre isso. É esse o desafio. De todo modo, o conforto e a impressão forte que tive do catolicismo quando eu era muito jovem... eu diria que o catolicismo sempre foi uma referência para mim.

Em todo caso, esse filme, a escolha de um romance como Silêncio, *parece se colocar no âmbito da espiritualidade cristã e do imaginário católico. Um filme no estilo de Georges Bernanos, em certo sentido. O que acha?*

Concordo com o fato de que está no âmbito da espiritualidade cristã, mas não tenho certeza se concordo com a comparação com Bernanos. Para mim, tudo volta à questão da graça. A graça é algo que acontece ao longo da vida. Chega quando você menos espera. Claro, digo isso como alguém que nunca enfrentou a guerra, ou a tortura, ou a invasão. Nunca fui testado dessa maneira. Claro, existiram pessoas que foram postas à prova, como Jacques Lusseyran, o líder cego da resistência francesa, que foi mandado a Buchenwald e manteve vivo o espírito da resistência para seus companheiros prisioneiros; de fato, tentamos por muitos anos fazer um filme baseado em seu diário, *Memórias de vida e luz*. Há Dietrich Bonhoeffer. Elie Wiesel e Primo Levi foram capazes de encontrar um modo de ajudar os outros. Não estou dizendo que o exemplo traga algum tipo de resposta definitiva à pergunta sobre onde estava Deus enquanto muitos milhões de pessoas eram massacradas sistematicamente. Mas eles existiram, expressaram atos extraordinários de coragem e de compaixão, e nos lembramos deles como luz nas trevas.

Não é possível ver através da experiência do outro, apenas através da própria. Portanto, sei que parece paradoxal, mas entrei em sintonia com o romance de Endō, que era japonês, de um modo que nunca me aconteceu com Bernanos. Existe algo tão duro em Bernanos, algo inevitavelmente severo. Já em Endō, a ternura e a compaixão estão sempre presentes. Sempre. Mesmo quando os personagens não sabem que estão ali, *nós* sabemos.

Quem é Deus para você? É fonte de punição e de inquietação ou é a origem da alegria e da harmonia? O papa Francisco fala de Deus como misericórdia. Ele quer acabar com qualquer imagem de um Deus torturador... Existe a possibilidade de que Deus seja um torturador?

Isso me leva de volta a Bernanos, através de Robert Bresson e sua adaptação de *Diário de um pároco de aldeia*, o filme *Diário de um padre.* Vi esse filme pela primeira vez na metade dos anos 1960. Eu tinha uns 20 anos e estava crescendo, superando a ideia de catolicismo que construí para mim mesmo quando garoto. Como muitas crianças, fui oprimido e profundamente impressionado pelo lado severo de Deus que nos havia sido apresentado — o Deus que castiga quando fazemos algo de ruim, o Deus acompanhado de trovões e relâmpagos. É aquele que James Joyce descrevia em *Retrato do artista quando jovem*, outra obra que me marcou profundamente na época.

Claro, era um momento muito dramático no país. A questão do Vietnã estava ganhando peso, e a guerra havia acabado de ser declarada "santa". Em mim, como em muitos outros, havia muita confusão, dúvida e tristeza — sentimentos que estavam lá, eram parte da realidade cotidiana. Foi nessa época que assisti ao filme de Robert Bresson, *Diário de um padre*, e me deu esperança. Cada personagem daquele filme sofre, talvez com exceção do velho padre. Cada personagem se sente punido, e a maioria impõe algum castigo aos outros. Em determinado momento, o padre diz, em um diálogo com uma de suas paroquianas: "Deus não é um torturador. Ele só quer que tenhamos piedade de nós mesmos." Foi uma espécie de revelação para mim. Era a chave. Porque, mesmo quando *sentimos* que Deus está nos punindo e torturando, se conseguimos encontrar tempo e o espaço de refletir a respeito do que está acontecendo, percebemos que *nós* somos os únicos torturadores, e é *conosco* que devemos ser piedosos. Encontrei Bresson uma vez em Paris e consegui lhe dizer o que seu filme tinha significado para mim.

Depois de *Touro indomável*, percebi que seguimos exatamente esse conceito: era esse o tema do filme. Não começamos a fazer o filme com uma intenção específica nos guiando; simplesmente tentamos fazer um filme sobre alguém que levava um estilo de vida que conhecíamos, em um mundo que conhecíamos. Jake LaMotta pune todos que estão ao seu redor, mas, na verdade, só está punindo a si mesmo. Portanto, no fim, quando olha no espelho, Jake percebe que deve ter piedade de si mesmo. Ou, em outras palavras, deve aceitar a si mesmo e conviver consigo mesmo. E então talvez se torne mais fácil para ele viver com outras pessoas e receber a bondade delas.

Quando jovem, tive uma sorte imensa de conviver com um padre extraordinário, o padre Principe. Aprendi muito com ele — entre outras coisas, a piedade por nós mesmos e pelos outros. Claro, algumas vezes ele encarnava a figura do severo preceptor moral, mas seu exemplo era algo muito diferente. Aquele homem era um verdadeiro *guia*. Ele podia até falar com severidade, mas nunca forçou ninguém. Ele *guiava*. Aconselhava. *Persuadia*. Tinha um amor realmente extraordinário.

Um crítico falou sobre a "obsessão de Scorsese pelo espiritual". Você concorda com o fato de ser "obcecado" pela dimensão espiritual da vida?

Em seu livro *Absence of mind*, Marilynne Robinson escreveu algo que toca diretamente no âmago da questão: "Os atributos da nossa natureza — que somos brilhantemente criativos e, da mesma forma, brilhantemente destrutivos, por exemplo — persistem como fatos, ainda que utilizemos a palavra 'primatas' para descrever a nós mesmos de modo exaustivo." Ela está totalmente certa. A ideia de que existe uma explicação científica para qualquer coisa não me parece ridícula, mas bastante ingênua. Quando dirigimos a mente para considerar o grande e avassalador *mistério* da nossa simples existência, de viver e morrer, a ideia de que se possa encontrar uma solução para tudo por meio da ciência parece inconsistente. É sobre isso que Robinson escreve em seus ensaios e romances. E o que ela chama de "mente e alma" é, na minha opinião, o verdadeiro catolicismo. Mente e alma são tudo o que realizamos: o bem que fazemos e o mal que causamos. É a *tentativa*, em geral com os outros e especialmente com as pessoas que amamos. Meu desafio pessoal consiste em tentar superar minha absorção no meu trabalho, minha autoabsorção, a fim de estar presente para as pessoas que amo. De fato, expresso isso tudo — o que estamos discutindo aqui — no cinema. Viver no mundo da notabilidade, da fama, da ambição e da competição é outro desafio. Só que, claro, mesmo fazendo parte desse mundo — devo admitir que participo dele, em certa medida, e fiz até alguns filmes que exploram isso —, a dimensão espiritual da vida, como você a define, está sempre presente. Carl Jung esculpiu uma epígrafe latina no umbral da porta de sua casa na Suíça: VOCATUS ATQUE NON VOCATUS DEUS ADERIT. Sendo chamado ou não, Deus virá. Isso diz tudo.

Você sofreu de asma. O papa Francisco tem um problema pulmonar. Quem tem fôlego curto, ao que me parece, torna-se mais sensível. Você aprendeu algo com seu fôlego curto?

A primeira coisa que deve ser dita sobre a asma é que, quando ela é forte, você realmente sente como se não pudesse retomar o fôlego. É como estar à beira da morte, como se estivesse morrendo *no momento.* Houve vezes em que eu não conseguia mesmo respirar, a dispneia era tão forte e meus pulmões estavam tão congestionados que comecei a pensar: *Se as coisas vão ser desse jeito daqui para a frente, como vou conseguir continuar?* Esse pensamento atravessa sua cabeça; você só busca alguma paz.

Quando eu era jovem, nos anos 1950, havia um jeito específico de se relacionar com os médicos, pelo menos para pessoas como meus pais. Acreditavam em tudo que o médico dizia, não buscavam uma segunda opinião e, mesmo que eles quisessem uma, provavelmente não poderiam se dar ao luxo. Os médicos, por sua vez, tinham um jeito específico de lidar com a asma. Havia alguns remédios e tratamentos, mas dava-se mais peso à prescrição de determinado estilo de vida. A pessoa não podia praticar esportes. Nenhum tipo de atividade física. Eles contraindicavam até a risada excessiva. Além disso, eu era alérgico a tudo ao meu redor — animais, árvores, grama —, e por isso não podia ir ao campo.

O resultado era que eu tinha que levar uma vida de isolamento e me sentia separado de todas as outras crianças. Por isso, passei muito tempo com os adultos, o que me trouxe uma consciência e, acho, uma compreensão maior de seu mundo. Passei a ter um conhecimento do ritmo da vida, das preocupações adultas, das discussões sobre o que era certo ou errado, das obrigações em relação aos outros, e assim por diante. Isso me tornou mais *consciente* — dos sentimentos das pessoas, de sua linguagem corporal (de novo, a diferença entre palavras e ações), de sua sensibilidade — e fez com que eu cultivasse minha própria sensibilidade. Eu diria que me tornei mais observador.

E olhando o mundo pela minha janela... a lembrança de ter olhado a rua e visto muitas coisas, algumas bonitas e outras horríveis, e outras indescritíveis, para mim foi determinante.

A outra face dessa medalha é certa intensidade de concentração enquanto trabalho, que me mantém focado naquilo que é realmente importante. Penso que o fato de ter ficado apartado, minha solidão e minha consciência, me levou a uma determinação *e* a uma capacidade de colocar de lado qualquer distração... e é o que acontece quando faço um filme. É paradoxal, porque se trata de uma concentração que *protege* a sensibilidade, o que resulta em certa insensibilidade.

Você afirmou que viveu à beira da destruição, que quase mergulhou nela. O que é a salvação para você?

Na autodestruição se esconde um equívoco: que para entender a destruição você deve destruir a si. Logo, de algum modo, isso se torna uma forma de arrogância, de orgulho... e, no fim, você destruiu a si mesmo. No meu caso, saí de um momento autodestrutivo da minha vida, de alguma forma — acho que acabei dentro daquilo ingenuamente e saí igualmente ingênuo.

Fui coroinha e auxiliei a missa nos funerais e na função solene dos sábados para os mortos. Um amigo meu era filho de um agente funerário. Vi a velha geração vinda da Sicília na virada do século morrer, para mim, uma experiência intensa. Eu pensava muito na mortalidade, não somente sobre a minha. Em determinado momento, me machuquei um pouco sozinho. Depois superei, e o primeiro filme que fiz depois daquilo foi *Touro indomável*.

Portanto, o outro aspecto dessa questão é algo sobre o qual já discutimos a respeito desse filme. Aceitar a si mesmo, conviver consigo, esforçar-se para exercer uma influência positiva na vida das pessoas. Considero essa uma boa definição para "salvação". No fundo, é sobre as pessoas que amamos — nossa família, nossos amigos, nossos entes queridos. Tentamos ser os melhores, os mais sensatos e piedosos que pudermos.

Ao longo da vida também aprendemos algo mais. Em *Pistoleiros do entardecer*, de Sam Peckinpah, há uma cena em que Edgar Buchanan, um ministro bêbado, está casando a personagem de Mariette Hartley e diz a ela e ao então noivo: "Vocês têm que compreender algo sobre o casamento: as pessoas mudam." Acontece em todas as relações. Acontece nas parcerias. Com o passar do tempo, pessoas que conhecemos bem e com quem trabalhamos por muitíssimo tempo podem ter outras necessidades, outras questões que se tornam importantes para elas, e precisamos reconhecer isso e nos resignar. Temos que aceitá-las como são, como mudaram, e aproveitar o melhor delas. Às vezes devemos reconhecer que elas têm que seguir seu caminho. Antigamente, eu considerava isso uma traição. Depois, entendi que não era bem assim. Não passava de uma mudança.

A palavra "salvação" é interessante. Realmente, é algo que ninguém nunca pode saber o que é. No momento da sua morte, se você estiver consciente, saberá se alcançou a salvação? Como? Certamente não sabemos isso enquanto vivemos. A única coisa que podemos fazer é seguir uma vida o mais digna possível. Se caímos, temos que nos levantar e tentar outra vez; um clichê, mas uma verdade. Para mim, dia e noite, existem altos e baixos, uma sucessão de luz e de escuridão, uma dúvida que se faz autocrítica. Mas nunca é demais, porque, novamente, devemos aceitar a nós mesmos. É um processo contínuo.

Depois de Touro indomável, *você pensou em ir a Roma e viajar para filmar documentários sobre a vida dos santos. É verdade? Por que teve essa ideia?*

Sim, é verdade. Em 1980 ou 1981, assim que terminei *Touro indomável*, realmente acreditava que teria sido meu último filme. Naquela época, por causa dos filmes que Bernardo Bertolucci e os irmãos Taviani e outros haviam feito para a RAI, especialmente os filmes históricos de Roberto Rossellini, eu acreditava que a televisão seria o futuro do cinema — ou melhor, a televisão *misturada* com o cinema. Era algo que entretinha, mas existia mais profundidade no elemento do entretenimento. Mas também eram filmes que pudessem *ensinar* de algum modo. Essa inspiração também vinha de Rossellini. De fato, ele se referiu àqueles filmes como "didáticos". Portanto, eu achava que a RAI se tornaria um lugar em que eu poderia explorar um tema que sempre me atormentou: o que é um santo?

Minha ideia era fazer uma série de filmes sobre diferentes santos, até sobre alguns que talvez nunca tenham existido, que são apenas figuras folclóricas. Mas de onde surgem essas figuras? Isso nos leva de volta a épocas que precedem os períodos judaico-cristãos. Por que existe a necessidade desse tipo de intercessão? Por que, se descobrimos que são Cristóvão, o santo patrono dos viajantes, nunca existiu? Quando viajamos, estamos em perigo, portanto, precisamos de algo ou alguém que nos proteja. Então, o que dizer dos verdadeiros santos? Que relação eles têm com as pessoas, em geral e pelo ponto de vista espiritual? Como é sua vida cotidiana? Do que se trata? Isso me remete a um livro que o padre Principe nos passou e que falava de um moderno são Francisco, chamado *Mr. Blue*, de Myles Connolly, que também escreveu e produziu a história para o cinema e a TV. Connolly buscava mostrar que é possível se viver uma boa vida no mundo moderno — não no sentido material, mas no sentido da dignidade, como Dorothy Day e o que ela fez com o movimento Catholic Workers. Padre Principe a convidou para um café da manhã da comunhão, uma tradição católica que envolve assistir à missa, receber a comunhão e depois compartilhar uma refeição, para que falasse para um pequeno grupo de idosos. Eu a vi de passagem quando ela estava indo embora.

Essas coisas estavam se desenvolvendo quando fiz *Touro indomável*, que, como disse, pretendia que fosse minha despedida dos filmes de estúdio de alto orçamento. Naquela época, fui fortemente influenciado também por outro filme de Rossellini, *Europa '51*, ao qual assisti em uma versão reduzida. Rossellini confrontava a questão do que é ser um santo no mundo moderno. Ele apresentava figuras como Francisco, Catarina, Teresa (sobre esta última, Alain Cavalier fez um filme). Não eram santos que eu chamaria de "ativistas", eram muito diferentes de alguém, por exemplo, como o padre Pio. A verdadeira essência deles — compaixão, amor, uma vida se espelhando em Cristo — e a pergunta sobre como viver tal vida no mundo moderno são os elementos que Rossellini aborda no filme. Naquela época, eu não sabia que sua inspiração era Simone Weil, que, aliás, não foi misericordiosa consigo mesma. No fim de *Europa '51*, a personagem de Irene encontra grande paz consigo e se mostra muito importante. Logo, esse filme foi realmente importante para mim. Do mesmo modo que seu *Francisco, arauto de Deus*, o filme mais bonito sobre ser um santo que eu já vi.

No entanto, as coisas aconteceram de um jeito diferente. Voltei para Nova York e fiz outro filme com Robert De Niro, *O rei da comédia*. Depois, tentei fazer *A última tentação de Cristo*, mas o projeto não funcionou. A indústria havia mudado, e não parecia mais possível fazer esses filmes, esses *estudos*, sobre as vidas dos santos. Nunca perdi meu interesse pelos personagens que procuraram viver suas vidas espelhando-se em Cristo e sabia que, um dia, voltaria a eles. Muito daquela energia e daquelas discussões foram para *A última tentação de Cristo*, quando finalmente conseguimos realizá-lo, alguns anos mais tarde. Naturalmente, tudo prosseguiu e se desenvolveu, como eu disse, ao longo dos anos que vivi com *Silêncio*.

Qual personagem mais o intriga no romance O silêncio, *de Endō, e no seu filme? Por quê?*

Quando eu era mais novo, tive a ideia de fazer um filme sobre *ser* um padre. Eu quis seguir os passos do padre Principe, por assim dizer, e ser um padre. Frequentei um seminário preparatório, mas não fui além do primeiro ano. Eu me dei conta, aos 15 anos, de que a vocação é algo muito especial, que não é possível adquirir, nem conseguir uma, só porque queremos ser como outra pessoa. Devemos receber um verdadeiro chamado.

Se de fato temos o chamado, como lidar com o próprio orgulho? Se você é capaz de executar um rito no qual se produz a transubstanciação, então, sim, você é muito especial. Porém, é necessário ter algo além disso também. Com base no que vi e vivi, um bom padre, além de ter talento e capacidade, deve sempre pensar em seus paroquianos acima de tudo. Portanto, a pergunta é: como aquele padre faz para superar seu ego? Seu orgulho? Eu queria fazer esse filme, e entendi que, com *Silêncio*, quase sessenta anos depois, eu estava fazendo esse filme. Rodrigues está lidando diretamente com essa pergunta.

No entanto, o mais fascinante e intrigante de todos os personagens é Kichijiro. Às vezes, quando estávamos filmando as cenas, eu pensava: "Talvez ele seja Jesus também." Em Mateus, Jesus diz: "Mesmo se vocês fizerem algo a um dos menos importantes membros da minha família, é como se fizessem a mim." Encontramos no nosso percurso uma pessoa que nos repugna: é Jesus. Claro, Kichijiro é *sempre* fraco e continuamente causa danos a si próprio e a muitos outros, inclusive à sua família. Depois, no fim, quem está ao lado de Rodrigues? Kichijiro. Ele havia sido, no fim das contas, o grande mestre de Rodrigues. Seu mentor. Seu guru, por assim dizer. É por isso que Rodrigues lhe agradece no final.

E, naturalmente, voltando aos meus filmes, algumas pessoas me levaram a perceber que Kichijiro é Johnny Boy de *Caminhos perigosos*. O personagem de Charlie, interpretado por Harvey Keitel, deve prevalecer sobre seu orgulho. Entende que a espiritualidade e a prática não se limitam à estrutura da Igreja em sentido literal, que devem sair para as ruas. Depois, obviamente, não se pode escolher a própria penitência. Ele pensa que pode, mas a penitência chega quando menos se espera, de onde nunca se pode prever. É por isso que Johnny Boy e Kichijiro me fascinam. Tornam-se receptáculos de destruição ou de salvação. Muito disso deriva do que eu observei quando garoto, em especial o que acontecia entre meu pai, que se chamava Charlie, e seu irmão, Joe.

Padre Rodrigues e padre Ferreira são duas faces da mesma moeda ou são duas moedas diferentes, incomparáveis?

Não sabemos no que o padre Ferreira histórico acreditou ou não, mas no romance de Endō parece que ele havia perdido a fé. Talvez outro modo de ver as coisas é que ele não conseguia superar a vergonha de ter renunciado à própria fé, mesmo que tenha feito isso para salvar outras vidas.

Rodrigues, no entanto, é alguém que renega sua fé e, mais tarde, a readquire. Esse é o paradoxo. Para colocar de um jeito simples, Rodrigues ouve Jesus falando com ele, e Ferreira não, essa é a diferença.

Uma vez, lembrando seu pai, você contou que em qualquer coisa que ele lhe dizia havia sempre uma questão moral: quem está errado? Quem tem razão? Os bons rapazes de um lado, os maus do outro. Quem são os bons rapazes aqui? Quem são os maus? No mundo existem mocinhos e vilões?

Tanto meu pai quanto minha mãe vinham de famílias grandes. Meu pai tinha quatro irmãos; Joe era o mais novo.

Morou embaixo de nós na Elizabeth Street com a mulher e os filhos. Meus avós — os pais do meu pai — viviam duas portas adiante, e meu pai ia visitá-los todas as noites. Eles deviam discutir assuntos familiares, o prestígio do nome Scorsese, o tipo de coisa que eu simplesmente não conseguia entender; questões do velho mundo, e eu nasci no novo. Eram pessoas honestas, buscavam seguir uma vida honesta, porém, naquele mundo, o crime organizado era muito presente, e as pessoas tinham que andar no fio da navalha: não podiam estar do lado da criminalidade, mas também não podiam ficar contra. Meu tio tendia a estar do lado dos criminosos. Era um desregrado, exatamente como Johnny Boy: vivia se metendo em encrenca, foi preso várias vezes, sempre devia dinheiro a agiotas. Emanava uma sensação de violência.

Meu pai então assumiu a responsabilidade por ele. Todos os dias, naquele apartamento, pude ver que ele precisava lidar com isto: como tratar o irmão de forma correta e justa. Passou a se ocupar de tudo. Às vezes minha mãe ficava muito frustrada e dizia: "Seus irmãos não podem te dar uma mão?" De certa forma eles ajudaram, mas todos tinham ido morar em outros bairros. Meu pai e Joe foram os únicos que ficaram. Meu pai lidou com tudo sozinho, o que significava lidar com todos, de todos os lados: refletindo, negociando, fechando acordos, garantindo que ele se safaria, às vezes dando-lhe um dinheiro. Ele se colocou no front pelo meu tio, e sempre se sentiu na obrigação de cuidar do irmão. Alguns dos outros membros da família desistiram, outros foram embora; tudo caiu nas nossas costas. Foi muito, muito difícil. Eu amava Joe, mas estar perto dele era muito difícil. Tudo isso levanta a pergunta: eu sou o guardião do meu irmão? Foi esse o tema que abordei em *Caminhos perigosos.*

Silêncio *parece a história de uma descoberta íntima do rosto de Cristo, um Cristo que parece pedir que Rodrigues pise nele para salvar outros homens, porque foi por isso que veio ao mundo... Qual é o rosto de Cristo para você? É o* "fumi-e", *a imagem pisada, como descreve Endō? Ou o Cristo glorioso da majestade?*

Escolhi a face de Cristo pintada por El Greco porque achei que era mais misericordiosa do que a pintada por Piero della Francesca. Na minha juventude, à medida que eu crescia, o rosto de Cristo era sempre um conforto e uma alegria.

Deixando de lado A última tentação de Cristo, *que filme na história do cinema você acredita retratar melhor o verdadeiro rosto de Cristo?*

O melhor filme sobre Cristo, para mim, é *O evangelho segundo São Mateus*, de Pier Paolo Pasolini. Quando eu era jovem, queria filmar uma versão contemporânea da história de Cristo ambientada em casas populares e pelas ruas do centro de Nova York. Quando assisti à obra de Pasolini, entendi que esse filme já havia sido feito.

Houve alguma situação em que você sentiu a proximidade de Deus, mesmo sem dizer nada?

Quando eu era coroinha, não havia dúvida de uma sensação do sagrado. Tentei transmiti-la em *Silêncio,* durante a cena da missa na casa de campo em Goto. De todo modo, eu me lembro de sair na rua depois do fim da missa e me perguntar: como é possível que a vida simplesmente continue? Por que nada mudou? Por que o mundo não é sacudido pelo corpo e pelo sangue de Cristo? Foi como experimentei a presença de Deus na juventude.

Em 1983, estive em Israel procurando locações para *A última tentação de Cristo.* Sobrevoava o território a bordo de pequenos aviões monomotores. Não gosto nem um pouco de voar, muito menos em aviões pequenos. Eu segurava objetos religiosos com os quais minha mãe tinha me presenteado anos antes. Estava nervoso, muito tenso. Eu ia e voltava de Tel Aviv para a Galileia, de Betsaida para Eilat. Em determinado momento, fui levado à igreja do Santo Sepulcro. Fui até lá com o produtor Robert Chartoff, que morreu em 2015. Estive na tumba de Cristo. Eu me ajoelhei, fiz uma oração. Quando saí, Bob me perguntou se eu sentia algo diferente. Respondi que não; estava apenas impressionado com a geografia do lugar e com todas as ordens religiosas que haviam pretendido se apropriar do local.

Precisávamos voar de novo até Tel Aviv. Embarquei no avião. Mais uma vez, eu estava muito nervoso e apertei nas mãos todos aqueles objetos religiosos da minha mãe. De repente, enquanto voávamos, me dei conta de que não precisava mais deles. Fui totalmente envolvido por um tipo de amor e pela sensação de que, se algo tivesse que acontecer, não aconteceria mais. Foi extraordinário. Acho que sou muito sortudo por ter experimentado essa sensação na vida.

Quero falar também sobre o nascimento da minha filha Francesca. Ela nasceu de cesárea. Eu estava lá, vendo tudo o que acontecia. De repente, me pediram para sair. Levaram-me para outra sala, e fiquei olhando por uma janela retangular. Vi que havia muita urgência, uma atividade frenética, até que saiu da sala um corpo que me parecia sem vida. Então a enfermeira apareceu, chorando, e me disse: "Ela vai sobreviver." E me abraçou. Eu não sabia se ela estava falando da minha mulher ou do bebê. Depois, veio o médico. Apoiou-se à parede, escorregou para baixo, se agachou e disse: "Você pode planejar e prever tudo, e então lá vêm vinte segundos de terror. Mas nós conseguimos." Eles quase tinham perdido as duas. Inesperadamente, colocaram aquele pacotinho nas minhas mãos. Encarei seu rosto, e ela abriu os olhos. Tudo mudou em um instante.

Isso me faz lembrar aquele extraordinário trecho do romance de Marilynne Robinson, *Gilead*, que li enquanto filmávamos *Silêncio*. O reverendo moribundo descreve o espanto que sentiu ao se deparar com o rosto de sua filha pela primeira vez. "Agora que estou prestes a deixar este mundo", diz ele, "eu me dou conta de que não existe nada de mais extraordinário do que um rosto humano. Tem a ver com a encarnação. Ao ver uma criança e ao segurá-la no colo, você sente uma obrigação. Cada rosto humano exige algo de você, porque não pode deixar de entender sua unicidade, sua coragem e sua solidão. E isso é ainda mais verdadeiro no rosto de um recém-nascido. Considero essa experiência uma espécie de visão, tão mística quanto muitas outras." Posso dizer, por experiência própria, que isso é absolutamente verdadeiro.

A compaixão é instinto ou amor?

Acho que a chave é a negação do eu. Em *Caminhos perigosos*, Charlie cai na armadilha de acreditar que tomar conta de Johnny Boy possa ser sua penitência, servir para sua redenção pessoal, seu uso espiritual. Mais uma vez, isso nos leva ao fato de que os bons padres que conheci sempre deixaram o ego de lado. Quando você é capaz de fazer isso, restam apenas as necessidades — as necessidades dos outros — e surgem menos perguntas a respeito de escolher a penitência ou sobre o que é ou não compaixão. Elas se tornam desprovidas de significado.

Na história de Silêncio *há muita violência física e psicológica. O que significa a representação da violência? Em seus filmes há sempre muita. O que a violência retrata especificamente nesse filme?*

Bem, para referenciar uma pergunta que você fez antes, sou obcecado pelo espiritual. Sou obcecado pela questão do que somos, e isso significa *nos olhar* de perto, olhar o bem e o mal em nós. Podemos nutrir o bem de modo que, em determinado momento na evolução da espécie humana, a violência talvez deixe de existir? Por enquanto, a violência está aqui. É algo que fazemos. Retratar isso é importante para não cometermos o erro de pensar que a violência é algo que está nos outros, que vem "das pessoas violentas".

"Eu nunca poderia fazer isso." Na realidade, você *poderia*. Não podemos negar. Portanto, algumas pessoas ficam transtornadas com a própria violência ou se entusiasmam demais com ela. Trata-se de uma forma de expressão real, em circunstâncias desesperadas, e isso não é engraçado. Algumas pessoas dizem que *Os bons companheiros* é engraçado. As pessoas são engraçadas; a violência, não. Muitas pessoas não entendem a violência porque vêm de culturas ou até subculturas nas quais a violência é algo muito distante. Eu cresci em um lugar em que ela fazia parte da vida e era muito próxima a mim.

No início dos anos 1970, estávamos saindo da era do Vietnã e do fim do decoro da velha Hollywood. Com *Bonnie e Clyde* e, depois, mais ainda, *Meu ódio será sua herança*, tudo se abriu. Esses filmes dialogavam com a gente, não necessariamente de um modo agradável.

A violência é parte de ser humano. Nos meus filmes, o humor vem das pessoas e de suas reflexões, ou da falta delas. A violência e a profanação da vida. O aspecto cru, se quisermos ser polidos. A profanidade e a obscenidade existem, o que significa que fazem parte da natureza humana. Isso não quer dizer que, como consequência, somos *intrinsecamente* obscenos e profanos; quer dizer que esse é um modo potencial de sermos humanos. Não é uma boa possibilidade, mas uma possibilidade.

Para você, um filme é como um quadro. A fotografia, as imagens, nesse filme, têm determinado valor. Como a fotografia é capaz de nos mostrar o espírito?

Cria-se uma atmosfera *através* da imagem. Estabelece-se um ambiente onde se pode *sentir* a alteridade. São essas as imagens, as ideias e a emoções que extraímos do cinema. Existem determinados conceitos intangíveis que as palavras simplesmente não podem expressar. Portanto, no cinema, quando se monta uma imagem junto a outra, obtemos uma terceira imagem completamente diferente — uma sensação, uma impressão, uma ideia — na mente. Então, acredito que o ambiente que se cria é uma coisa, e que isso tem a ver com a fotografia, mas é na união das imagens que o filme nos captura e se comunica conosco. É a *edição* e é a *ação* do fazer cinema.

Onde você filmou Silêncio? *Pelo que soube, em Taiwan. O que o levou a escolher esse lugar?*

Por diversos motivos, precisei de muitos anos para conseguir fazer *Silêncio*, e, antes de escolher Taiwan, olhamos muitas locações possíveis no mundo todo. Partimos dos lugares no Japão, onde se passa o romance de Shūsaku Endō — Nagasaki, Sotome, as termas de Unzen Onsen —, mas, no fim, desistimos, porque os custos para essa filmagem seriam proibitivos. Além do Japão, meu designer de produção, Dante Ferretti, procurou na Nova Zelândia, em Vancouver, no norte da Califórnia e depois, finalmente, descobriu Taiwan, que tem paisagens extraordinárias e costas praticamente intactas, com aspecto parecido com o dos lugares do romance. Logo nos demos conta de que era o lugar certo para filmar.

Esse filme se inspira em outros, pelo menos algumas partes dele? Se sim, em quais?

Na verdade, eu o fiz sozinho. Tive que encontrar meu próprio caminho. Em geral, fui inspirado por muitos filmes. Muitos filmes asiáticos. Muitos filmes europeus. Muitos filmes norte-americanos. Eu vivo com eles. Carrego comigo. No fim das contas, não é uma questão de um filme específico ou de outro. Eu voltei muitas vezes a alguns: *Rastros de ódio*, por exemplo, ou *Um corpo que cai*, ou *Oito e meio*. Os filmes de Rossellini: *Roma, cidade aberta; Paisà;* e *Romance na Itália*. Já *A palavra* eu vi apenas uma vez. Não posso vê-lo de novo. É tão puro, tão bonito, tão perturbador. Em cada um, nós nos sentimos espiritualmente transportados e transformados. Nenhum desses filmes se limita ao mero entretenimento.

Existe algum filme seu que podemos aproximar de Silêncio *para fazer uma comparação, seja porque tenha significado semelhante ou oposto?*

Acho que poderia dizer que *Touro indomável* é parecido. *Caminhos perigosos* também. Talvez *Os infiltrados* seja o oposto de *Silêncio*. O roteiro de Bill Monaghan mexeu comigo porque foi escrito pelo ponto de vista do catolicismo irlandês de Boston, diferentemente do catolicismo com o qual eu cresci. No fim de *Os infiltrados*, nós nos vemos em um marco zero moral. Não há para onde ir, a não ser para o alto. Em relação aos sacrifícios dos personagens, em especial ao de Billy, interpretado por Leonardo DiCaprio, Roger Ebert disse que é como se pudéssemos ouvi-lo no confessionário dizendo: "Eu sabia que era algo ruim, padre, mas simplesmente não consegui deixar de fazer. Fiquei paralisado. Sabia que era errado, mas o que eu podia fazer?" Tudo isso se relacionava ao 11 de Setembro, o exame da nossa cultura e da nossa vida sob uma nova luz. Eu achava que era daquele ponto que deveríamos partir para recomeçar do zero no campo moral, mas não foi o que fizemos.

Em *Touro indomável*, Jake luta em todos os lugares, o tempo todo. Não importa onde esteja: no ringue, na academia, na rua, no quarto, na sala... em toda parte ele pune a si mesmo e desconta nos outros o tempo todo e em qualquer lugar. Como Kichijiro. A diferença é que Kichijiro é obrigado a fazer o que faz, enquanto Jake, não.

Houve uma situação ou um evento, durante a preparação desse filme, que o fizeram refletir em especial?

Como eu disse, vivi com o filme por muito tempo, e foi atrasado e adiado muitas vezes. Então isso orientou a reflexão.

Existem pessoas de fé ao seu lado que o apoiaram na pesquisa e, depois, na realização desse filme?

Tudo começou com o arcebispo Paul Moore, da Igreja Episcopal de Nova York, na catedral de São João, o Divino, que, nos anos 1980, me deu o romance. Organizamos uma projeção de *A última tentação* sem saber como ele reagiria e tivemos uma bela conversa sobre o filme. Quando ele estava indo embora, me disse que queria me dar um livro — era justamente *O silêncio*.

O padre jesuíta James Martin, que trabalhou com Andrew Garfield nos exercícios espirituais, foi muito importante para nós.

Durante a produção, contamos com o apoio e o incentivo de muitos padres em Taipei, e muitos deles ajudaram como consultores técnicos do filme, garantindo que Garfield e Adam Driver fossem autênticos ao encenar os sacramentos. Cito, entre outros, os padres jesuítas Jerry Martinson (Kuangchi Program Service) e Alberto Nuñez Ortiz (que nos foi apresentado pela Universidade Católica de Fu Jen), o arcebispo Paul Russell e o padre Ivan Santus, da nunciatura de Tapei.

Tivemos diversos consultores históricos, incluindo dois que nos deram uma ajuda preciosa na pesquisa para o filme: os jesuítas David Collins, historiador da Universidade de Georgetown, e Shinzo Kawamura, da Universidade Sophia.

Van C. Gessel, um docente de japonês na Universidade Brigham Young, traduziu a maior parte da obra de

Shūsaku Endō para o inglês e também foi de grande ajuda para o filme, permitindo que tivéssemos uma ligação direta com Endō. Nosso primeiro contato com ele foi em 2011.

Em 2009, quando visitei o Memorial dos 26 Mártires Cristãos em Nagasaki, encontrei o jesuíta Renzo De Luca, que foi muito solícito ao fornecer o pergaminho de "Nossa Senhora das Neves", que aparece no filme. Na fase inicial, meu pesquisador encontrou o padre jesuíta Antoni Üçerler.

Nossos dois principais consultores históricos cresceram com a religião católica e se envolveram no filme a partir de 2011. Jurgis Elisonas, autoridade sobre o Japão da primeira era moderna, escreveu muito sobre a figura histórica de Ferreira, e Liam Brockey, historiador, escreveu sobre os casos dos missionários do século XVII e a presença deles na Ásia. Brockey é o atual presidente da Associação Histórica Católica Americana.

***

Com essa lista de nomes, amigos e lugares, minha entrevista terminou. Encontrei Martin Scorsese e sua mulher, Helen, mais uma vez, em 28 de novembro, antes de embarcar no meu avião para Seul. Ele me perguntou: "Amanhã vou encontrar os jesuítas para a projeção do filme. O que posso dizer a eles?" Sugeri que ele falasse de sua experiência com o filme, mas também dos sentimentos que o acompanharam, da escuridão de onde ele saiu . A mesma que me vi encarar ao ouvir suas palavras para esta conversa.

A ASMA E A GRAÇA

*"A vida não é algo que passa por nós, mas um mistério surpreendente, que em nós suscita a poesia", disse o papa Francisco em uma audiência. E continuou: "Quando a uma pessoa falta essa dimensão poética, digamos, quando lhe falta a poesia, a sua alma coxeia."**

Por isso, pensei em procurar Martin Scorsese outra vez; nele, a vida provocou poesia. Nos encontros que tive com ele em Roma e em Nova York, conversamos muito sobre vida e poesia; por isso, dessa vez, desejei saber como ele viveu o tempo de quarentena por causa do coronavírus. Quais

---

* FRANCISCO, *Discorso nell'Udienza generale*, 24 de junho de 2020. Discurso na Audiência Geral de 24 de junho de 2020. O texto pode ser acessado em português na íntegra no site oficial do Vaticano na seção da Santa Sé (https://www.vatican.va/content/francesco/pt/audiences/2020/documents/papa-francesco_20200624_udienza-generale.html).

são os ecos e as ressonâncias? Durante um breve diálogo, trocamos perguntas e respostas, que foram editadas pelo diretor sete vezes, por conta do desejo de ser preciso sobre uma experiência que o tocou profundamente.

Naquele período, o sentimento predominante, incontrolável nas vidas de muitas pessoas no mundo todo, parece ter sido a ansiedade. Você também enfrentou essa sensação? Como a sua condição interna marcou a sua criatividade?

Naquele mês de fevereiro, quando percebi que tudo estava fechando — uma "pausa", dizia-se na época — e que eu e minha mulher deveríamos começar a quarentena e ficar *em casa* por um período indefinido, a ansiedade apareceu. Uma nova forma de ansiedade. A ansiedade de não saber de *nada*. Nada mesmo. Estava tudo em suspenso, adiado para um futuro não especificado, como em um sonho em que você corre em disparada mas nunca chega ao destino. Em certa medida, *ainda é assim*. Quando acabaria? Quando seríamos capazes de sair? Quando poderíamos encontrar com a nossa filha? E, depois, quando poderia fazer o filme que eu tinha planejado com tanto cuidado? Logo? Em quais condições? Teríamos problemas de locação? Conseguiria encontrar uma maneira de trabalhar com os atores e a equipe? Foi quando surgiu uma pergunta específica...

Qual?

Se eu não pudesse fazer o meu filme, quem eu era?

Como você viveu isolado em sua casa? Descobriu coisas novas? Sentiu como se estivesse em um refúgio ou uma prisão?

A ansiedade foi crescendo, e com ela a consciência de que eu poderia não sair vivo daquilo. Sofri de asma a vida toda, e esse vírus, ao que parece, ataca os pulmões com mais frequência do que qualquer outra parte do corpo. Eu me dei conta de que poderia dar meu último suspiro naquele cômodo da minha casa, que havia sido um refúgio e agora tinha se tornado uma espécie de fortaleza, e eu estava começando a senti-la como minha prisão. Eu me vi sozinho, no meu quarto, vivendo de um suspiro ao outro...

É um sentimento que vai permanecer na sua alma?

Então, algo... chegou. Pousou em cima e dentro de mim. Não sei descrever de outra maneira. De repente, enxerguei tudo sob um ponto de vista diferente, melhor. Eu ainda não sabia o que aconteceria, mas ninguém sabia. Eu poderia muito bem adoecer e nunca deixar aquele quarto, mas, se aquilo acontecesse, não poderia fazer nada a respeito. Tudo ficou mais simples, e fui tomado por uma sensação de alívio. Essa consciência me levou de volta aos aspectos essenciais da minha vida. Aos meus amigos e às pessoas que amo, às pessoas de quem tenho que cuidar. Às bênçãos que recebi — meus filhos, cada momento passado com eles, cada abraço, cada beijo e cada despedida... minha mulher, e ao quanto sou sortudo por ter encontrado alguém com quem consegui crescer e criar uma menina... por poder trabalhar com o que amo.

Lembro que já falamos de algumas dessas emoções e percepções quando você me entrevistou na época de *Silêncio.*

Aquele nosso encontro foi realmente importante. Sou muito grato a você por ele. Eu me lembro das emoções e das coisas que dissemos um ao outro.

Mas naquele momento eu as senti com maior urgência. Porque, de repente, estávamos convivendo com a consciência de que justamente o ar que nos rodeia, o ar que nos sustenta, poderia nos matar. Para mim, meus entes queridos e meus amigos, essas circunstâncias tiveram o efeito de nos aproximar mais. Levaram embora todas as formalidades, todos os eufemismos para "amizade" e "comunidade" que surgiram nas mídias sociais e que costumam parecer filtros e até mesmo barreiras em relação ao que é real. Depois, algo nos foi revelado, nos foi entregue. As velhas perguntas de sempre — "Como você está?", "Está tudo bem?" — tornaram-se imediatas e cruciais. Tornaram-se vitais. Descobrimos que estamos todos juntos, não apenas na pandemia, mas na existência, na vida. Nós nos tornamos realmente um.

Você relaciona essa descoberta a algo do seu passado, da sua obra?

Depois de ter filmado *Touro indomável*, percebi que estava refletindo sobre uma pergunta. Os últimos dez anos tinham sido frenéticos; eu dei tudo de mim e da minha experiência naquele filme, estava exausto e me perguntava: "Será que algum dia poderei ficar sozinho em um cômodo, sozinho comigo mesmo? Será que poderei somente *ser*?" Eis que, tantos anos depois, de repente, me encontro sozinho no meu quarto, vivendo o momento, cada instante precioso do meu ser vivo. Eu não podia sustentá-lo, mas ele estava lá.

O que você aprendeu com esse tempo de pandemia que gostaria de comunicar a um garoto que está nesse momento se abrindo para o futuro?

Eu gostaria de dizer aos jovens, justamente agora, que eles têm sorte de estarem vivenciando um momento tão esclarecedor. Muitos pensam que tudo voltará a ser como antes, mas é claro que as coisas nunca acontecem assim; tudo sempre muda, e esse período é um lembrete urgente disso, pode nos inspirar a reconhecer nossa capacidade de mudar para melhor. De fato, é o que está acontecendo, no momento, nos protestos em massa pelo mundo todo: os jovens estão lutando para melhorar as coisas.

Você conseguiu ler nesse período? Quais livros? Por quê? O que as leituras deixaram no seu coração? Enfim, existem autores que nos ajudam a entender melhor o que vivemos? E você pensou em um filme?

Durante aqueles meses, assisti a muitos filmes e li bastante, em geral escolhendo com base em conversas com amigos ou em dicas deles. Foi uma circunstância singular para mim. Reassisti a *Os assassinos,* de Robert Siodmak, com a minha mulher, e fiquei muito comovido dessa vez. Talvez por causa da presença de Burt Lancaster, o jeito como ele encarna o desejo pelas mulheres que ama, mas também das tonalidades muito peculiares das imagens, que trazem uma dimensão ao mesmo tempo realista e onírica ao filme. Peguei emprestada uma cena linda de *Os assassinos* para uma pequena reflexão caseira sobre o *lockdown* que fiz para o programa de Mary Beard na BBC.

Retomei *Os irmãos Karamazov* e li alguns trechos em um festival literário que passou a ser on-line.

Li pela primeira vez *A leste do Éden,* de John Steinbeck, seguindo o conselho de um colaborador próximo, e fiquei abalado, quase obcecado, por dois trechos do capítulo em que um dos personagens reconsidera a história de Caim e Abel. Ele e seus sábios anciões refletem sobre a palavra hebraica *timshel* e descobrem que a tradução correta seria "tu *poderás*", não "tu *deverás*". Em outras palavras, para Caim, triunfar ou não sobre o pecado depois do assassinato de seu irmão não é um destino ou uma promessa, mas uma escolha — a sua escolha.

Com outro amigo li algumas histórias de Rudyard Kipling, e nós dois ficamos impressionados, em especial por "Eles". É um conto muito diferente das histórias e dos poemas pelos quais se tornou famoso. Kipling o escreveu depois da morte de sua filhinha, e sua obra exprime as tragédias que acontecem na vida de modo tão verdadeiro e sutil... só de lembrar eu já me emociono.

Uma noite vi um filme que outro amigo me sugeriu que é um retrato assinado por Ken Burns do artista e mestre espiritual William Segal.

Parece-me um percurso, um caminho dentro da experiência que viveu e que o acompanhou até sua compreensão. O que o marcou nesse retrato de Segal?

Há uma cena em que Segal convida, com a experiência de sua tranquilidade e de sua meditação, a focar a nossa atenção no que é essencial, naquilo que acontece bem agora, de uma respiração para a outra. Ser. Respirar. Aqui. Agora.

Tudo isso não é uma forma de graça?

O CHAMADO DE PAPA FRANCISCO

Como mencionei na introdução, escrevi um livro chamado Uma trama divina *e o enviei ao papa Francisco antes da publicação, e ele foi tão gentil que escreveu o prefácio, um prefácio maravilhoso. Então, costumo recomendar que comprem esse livro, não porque eu o escrevi, mas por causa do prefácio. Achei-o tão inspirador que tive o ímpeto de compartilhá-lo com Martin, então lhe enviei. Após cerca de dez dias, ele me respondeu assim: "O prefácio me inspirou muito e decidi lhe dar uma resposta, dizer algo, só que sou diretor de cinema, não filósofo." Então ele me mandou o roteiro de um possível filme sobre Jesus. Eu me lembro desse dia específico porque, quando recebi o e-mail, estava na França com um amigo jesuíta. Era 30 ou 31 de dezembro, estava de férias. Senti o peso da minha responsabilidade e comecei a andar de um lado ao outro do quarto, refletindo sobre o que fazer. Você tinha sentido a força de um convite pessoal — era preciso responder, não com um ensaio, mas como diretor. Você me mandou um roteiro, e naquele seu e-mail tinha algo que capturava o olho e a mente de modo inesperado.*

Agora me diga o que o comoveu em relação àquele chamado e qual a repercussão do chamado do papa Francisco.

A Igreja desempenhou um papel crucial durante a maior parte da minha vida, a partir dos anos 1940 e 1950, na minha infância. O desafio que Sua Santidade levanta no prefácio do seu livro é algo que comecei a enfrentar quando tinha 13 ou 14 anos e com o qual nunca deixei de me confrontar. A iminência de Jesus... Sempre que tentei expressá-la, nas conversas ou nos discursos, mas ainda mais seriamente nos meus filmes, descobri que muitas das pessoas ao meu redor não estavam prontas para discutir isso ou não aceitavam. O que quero dizer é que eu buscava a iminência de Jesus *aqui, agora*, não na forma de uma figura bela e perfeita, como o edifício de uma igreja, de uma pequena basílica, ou de uma capelinha. Jesus não existe apenas ali. Jesus está conosco, sempre. Mas como exprimir isso?

É algo que se relaciona com uma questão central: os outros podem nos mudar? Ou a mudança vem de dentro de nós? Acredito exatamente que a mudança sempre vem do interior. Você pode tentar forçar de fora, mas vem sempre de dentro. Essa mudança, para mim, sempre será guiada pelas palavras, pelas ações e pela presença de Jesus.

Por muitos anos tentei compreender como Jesus se manifesta no mundo ao meu redor e como sua presença pode viver em mim e ser expressa por mim. Por muito tempo cometi o erro de pensar que estava exprimindo Jesus, quando, de fato, estava fazendo uma grande confusão — era uma questão de orgulho e ego, de ser capturado pelo papel do grande "diretor de cinema" e pelo poder de fazer arte. Portanto, quando você me enviou o prefácio do papa Francisco, me empolguei. Senti que aquilo era uma oportunidade de enfrentar de novo essa pergunta, diretamente, como tinha tentado com *A última tentação de Cristo*, em certa medida com *Kundun* e definitivamente com *Silêncio*. Senti ter achado, com *Silêncio*, meu caminho para enfrentar o mistério do jeito certo.

Uma pergunta pessoal. Você alguma vez já considerou se tornar padre? Suponho que sim, já que entrou em uma escola preparatória para o seminário. Se sim, por que você acha que desejou isso? E o que havia imaginado? Fez isso para encontrar paz ou por admiração, ou sentiu um chamado, uma vocação? E, depois, você foi embora ou foi convidado a se retirar?

Fui convidado a me retirar.

Certo, mas a pergunta é: essas duas coisas, ser padre e diretor de cinema, na sua vida, têm a ver uma com a outra?

Para responder a essa pergunta, antes de mais nada, preciso falar da primeira grande mudança que aconteceu na minha vida, quando era muito jovem. Moramos no Queens por um tempo, um lugar cheio de árvores, de espaço, de luz... era uma espécie de paraíso. Depois, por várias razões, tivemos que voltar para o Lower East Side de Manhattan, aquele bairro ítalo-americano-siciliano conhecido como Little Italy. Vivemos lá dos anos 1940 até os anos 1960. E, como qualquer pessoa que tenha visto algum filme meu sabe, isso me marcou. O contraste entre os dois lugares foi um choque traumático.

De cada lado da família havia sete ou oito crianças, além de muitos tios e tias. Todos nasceram na Elizabeth Street entre 1912 e 1913. Não no hospital, mas bem ali, em casas populares. No fundo, eles tinham recriado seu velho país aqui, no novo mundo. Portanto, em um sentido muito real, cresci no velho mundo, *muito* velho. Era justamente o mundo dos pequenos vilarejos fora de Palermo. A família da minha mãe era de Ciminna, e a do meu pai, de Polizzi Generosa. Todos eram sicilianos ou napolitanos onde morávamos. Havia alguns calabreses, mas sobretudo napolitanos e sicilianos.

Era uma área dura, um lugar muito, muito difícil. Era *um lugar para durões, como se dizia*. Um jeito de ser. Tudo era construído em torno da família. A estrutura familiar era o fator unificador, era como manter a dignidade. Era assim para minha mãe e meu pai, para minhas tias e meus tios. Mas o lugar em que morávamos era, por assim dizer, indigno e profano. A área era dominada pelo crime organizado, que atingia a todos. Na Bowery havia homens e mulheres em situação de rua, pessoas no extremo da vida, muitos dependentes de álcool, nas últimas; conhecemos alguns, mas sempre nos assustaram. Às vezes algumas crianças os provocavam, e eu via como era fácil escorregar para a desumanização dos outros, principalmente quando nos assustam. Em resumo, tudo nos apavorava. Aquele mundo era muito, muito difícil. Quando tinha 3 anos, desenvolvi uma asma grave. Quando penso nisso, me dou conta de que quase me trouxe uma espécie de alívio. A pressão para provar a suposta masculinidade era intensa, mas, no fim das contas, eu tinha asma; então, para sobreviver, eu precisava encontrar um jeito de usar a cabeça.

A primeira catedral católica de Nova York, a Antiga Catedral de São Patrício, que hoje é a basílica, ficava na nossa esquina. Foi construída em 1809. Meus pais me jogaram lá, na escola católica. Eles me disseram: "Vá lá na esquina, vá para a escola." Era administrada pelas Irmãs da Misericórdia.

Passei muito tempo naquela igreja. Na época, o pároco e muitos sacerdotes eram da velha geração; praticamente todos italianos. De fato, falavam inglês com dificuldade. Nos sentíamos distantes deles. Então, por volta de 1953, chegou um jovem padre na igreja. Seu nome era Francis Principe, e aquela era sua primeira paróquia. Tinha 23 anos e nos transmitiu um modo complemente novo e fresco de ver a vida. Irritava-se comigo porque eu não fazia nenhum esporte, e no início ele não entendia que tinham me falado que eu não *podia* praticar esportes, que poderia ficar doente e teria dificuldade de respirar. Tirando isso, ele trouxe uma maneira de pensar e lidar com a vida que era muito, muito diferente do mundo duro e cruel que me rodeava. O padre nos olhava e dizia: "Vocês não devem viver assim." Ele nos deu livros de Graham Greene. Começamos por *O poder e a glória*. Meu preferido foi *O cerne da questão*. Também lemos os ensaios de Dwight Macdonald, o que, naquela época, no início dos anos 1950, era algo bem... incomum, para usar um eufemismo. De algum jeito, cheguei a James Joyce, a *Dublinenses*, e depois a *Um retrato do artista quando jovem*, que me marcaram. Naquele tempo, o movimento pelos direitos civis estava se tornando mais importante e deslanchava, e eu meio que me deparei com James Baldwin. No mundo fechado em que eu havia crescido, raramente esbarrava com afrodescendentes, com exceção de algumas pessoas na Bowery.

Padre Principe nos deu uma abertura para o mundo. Ele nos colocava para ouvir música. Amava cinema e nos sugeria filmes. Era sensato, e era sensato do ponto de vista moral. Nós havíamos sido instruídos com as lições da rua provenientes do velho mundo, e ele era um contraponto. Ele instigou em nós um novo modo de pensar. Em mim, ele teve tal efeito que me fez entender que realmente eu não podia continuar existindo como estava, nas circunstâncias que eu tinha em torno, considerando a vida que me rodeava. Não que tivéssemos muitas oportunidades. Você podia ser durão, podia fazer parte do crime organizado; esse era um caminho *escancarado* para todos nós, mas não era para mim. Para alguns dos meus amigos, sim; mas não comigo.

Quando eu era adolescente, tudo no meu mundo era muito difícil de enfrentar. Padre Principe me fez desenvolver uma espécie de lucidez e, além disso, me deu um exemplo de amor completamente diferente do amor dos meus pais. Um exemplo de amor fortíssimo. Eu queria ser como ele, então decidi que queria virar padre. Assim, frequentei meu primeiro ano do ensino médio no Cathedral College, que preparava para o seminário. Só que em dois meses entendi que aquilo não era para mim. Parei de estudar e me tornei algo tipo o palhaço da turma.

Comecei a perceber que querer bem a alguém e o desejo de ser como esse alguém não bastam; você deve ter uma vocação. A verdadeira vocação é uma coisa séria. Não é algo como "quero ser como aquela pessoa". Ele sempre nos dizia: "Para ter uma vocação, é preciso amar a missa." Eu não entendia o real significado disso. Eu era coroinha e estava sempre atrasado, e ele brigava comigo. Eu realmente não entendia esse tipo de coisa.

Entendi que querer virar padre era uma tentativa de me esconder. Queria me esconder da vida e do medo — medo de ser machucado e de machucar os outros. Talvez eu pensasse que poderia desenvolver a vocação, controlar a situação por mim mesmo. Só que não é assim que funciona. É o oposto, é o oposto de controle; é sobre abdicar do controle e abrir-se ao que pode se tornar verdadeiro amor, amor constante e compreensão — o mistério do amor de Deus. É necessário explorá-lo e entendê-lo e aceitar que talvez nunca deixaremos de fazer isso. Porque a abertura e a exploração são o cerne da questão; o mistério sempre permanecerá mistério, e não é algo a ser resolvido, mas confrontado e contemplado. É como quando faço um filme e dizem "pronto, agora você *terminou* o filme, *concluiu*", ao que eu sempre respondo "não, não exatamente". "Você por acaso revê seus filmes?", as pessoas me perguntam. Não. Fui eu que os fiz. Ainda os estou fazendo.

No roteiro, você expôs sua ideia de fazer um filme sobre Jesus. Publicamos o roteiro em La Civiltà Cattolica, *no site, e é possível encontrá-lo em inglês, claro. Mas você estava pensando em um filme sobre Jesus desde 1960.*

Isso! Naquela época, entendi que não se trata de si mesmo e da sua salvação, mas de estar com os outros. Quando vi isso com clareza, também pude perceber outra paixão em mim: a paixão pelo cinema. Histórias contadas por meio de imagens em movimento.

Desde criança me levavam muito ao cinema, e quando penso nisso acho que me peguei indo atrás de imagens em parte porque na minha família ninguém lia. Minha mãe e meu pai trabalhavam no velho distrito do vestuário em Nova York, e suponho que nunca tiveram tempo de ler um livro. Não tínhamos livros em casa, então precisei arrumar alguns. Tive que aprender a ler, a conviver com um livro. Se tinha mais de duzentas páginas, precisava aprender a ter paciência. Também aprendi observando e experimentando tudo na vida das ruas e dos narradores da rua, que eram maravilhosos. Estavam em cada esquina, sujeitos durões que contavam histórias, sempre com um grande senso de humor e de autoironia. Minha mãe era uma contadora de histórias extraordinária, como meu pai e meus tios. Apreendia e absorvia tudo, e eu só pensava em me expressar por meio de imagens em movimento, filmes. Foi como cresci, assistindo a imagens em movimento em uma tela e analisando a arte na igreja: estátuas, pinturas, crucifixos, vitrais, a via-crúcis, que era como uma sequência cinematográfica. Logo, a questão de explorar Jesus devia encontrar seu caminho a partir do cinema.

Começou na faculdade. Fui para a Washington Square College, que depois se tornou a Universidade de Nova York. Mas era muito diferente da universidade como é hoje, apenas um pequeno campus no centro de Greenwich Village. Ficava a poucos quarteirões de onde cresci, mas parecia um mundo de distância. Comecei a frequentar cursos de cinema na faculdade, mas, naquele tempo, lá não ensinavam de verdade como se faz um filme. Não é possível aprender em sala de aula, onde tudo é centrado na relação professor-aluno. Tínhamos um ótimo professor chamado Haig Manoogian, um armênio-americano. Ele, que tinha grande paixão pelo ensino, enxergou em mim a mesma paixão pelo aprendizado. Ele viu algo em mim, e segui suas orientações.

Eu queria filmar a história de Jesus: um filme em 16 mm, em preto e branco, nos tempos modernos, ambientado no Lower East Side, nas casas populares e na Bowery, culminando na crucificação no cais do rio Hudson, perto da West Side Highway... que não existe mais.

Depois, em 1964, *O evangelho segundo São Mateus*, de Pier Paolo Pasolini, foi lançado por aqui. Fui assistir e entendi que ele já havia feito o que eu planejava fazer. O filme de Pasolini era poesia pura — poesia nova, moderna. O estilo era o do fim dos anos 1950 e início dos anos 1960, a New Wave francesa, a italiana, a britânica e o *cinema verité*, o cinema verdade. A ambientação era de época, mas o estilo era novo e imediato — nos fazia sentir como se estivéssemos ali. Havia tanta beleza crua e potência naquelas imagens. Pasolini deu uma iminência, uma urgência, à presença de Jesus, e seu Jesus não era uma estrela de cinema. Deus abençoe as estrelas de cinema, que, porém, tiveram dificuldade em interpretar esse papel. Foi muito duro para

Jeffrey Hunter e Max von Sydow, naquelas suntuosas produções hollywoodianas em que cada papel era interpretado por uma estrela convidada. Admirei *O rei dos reis* e alguns aspectos de *A maior história de todos os tempos*, mas eram evocações, versões de contos de fada da vida de Jesus.

O filme de Pasolini era de outro planeta. Nunca tínhamos nos deparado antes com aquele rosto de Jesus, assim como os demais rostos do filme. O mesmo valia para a ambientação, a cidade de Matera, com uma extraordinária mistura de músicas: Odetta, Bach, Leadbelly, a "Missa Luba" — era completamente novo. E a força de Jesus, a *raiva* de Jesus. Era uma grande obra de arte, e pensei que, se algum dia eu conseguisse fazer um filme sobre Jesus, teria que encontrar outra maneira de abordar a história. Havia anos que eu procurava um modo de fazer o filme sobre Jesus.

O que você quer dizer com "iminência de Jesus"?

Bem, se olharmos o Cristo de Pasolini, às vezes ele só está ali, no canto do enquadramento; é alguém em quem *não* prestamos atenção de cara — o primeiro é o último, o último é o primeiro. Isso me fascinou. Os outros filmes sobre Jesus que haviam sido feitos até o momento eram muito, muito devotos, e, cada vez que aparece, Jesus está no centro da atenção, sob todos os pontos de vista. Distingue-se do resto da humanidade em seu modo de falar, em seu modo de se mover, em sua perfeição física e também no enquadramento, na encenação, na iluminação. Isso carrega uma longa tradição de como Jesus é representado na pintura, totalmente idealizado, em geral com uma auréola. Mas o que Pasolini fez foi tornar Jesus um ser humano, uma pessoa, alguém que podemos conhecer e com quem podemos falar. Acho que isso é a chave.

A iminência de Jesus, no fim das contas, é a nossa própria vida. São as pessoas ao nosso redor, as provações em nossas vidas e o amor que Jesus nos dá que nos colocam em condições de nos superar e lidar com os outros.

Apesar de Pasolini, você não desistiu da vontade de fazer um filme sobre Jesus, e desse desejo veio A última tentação de Cristo. *Qual é o significado desse filme? Acho um filme carnal, visceral. Parece haver uma obsessão nele, um conflito não resolvido. O que o motivou? Você ficou satisfeito com ele? E acho interessante que você, no roteiro que escreve, embora mencione outros filmes seus, nunca o tenha citado.*

De fato, esse filme cutucou a ferida... de repente, raiva, ressentimento, ridículo. Começa pelo fato de que se trata de uma versão fictícia da vida de Jesus, não baseada nos Evangelhos, mas em um romance. Jesus é *um personagem*. Portanto, é apresentado a nós o que faz esse personagem, o que pensa, o que lhe acontece. Precisa lutar para ser o Messias, precisa querer ser o Messias. E, então, subitamente, bem no fim, há esta belíssima ideia de Nikos Kazantzakis: Jesus está na cruz e é tentado, não pelo poder, mas pela possibilidade de ir embora e seguir uma vida normal, porque esta vida que Deus nos deu é muito bonita. A vida ao redor dele — cultivar seu jardim, o amor de uma mulher, uma esposa, ter filhos, criar esses filhos —, essa vida que o diabo oferece a Jesus como tentação, é tão bela que é quase como se Deus invejasse a vida que deu a nós, humanos. E eu achei uma ideia tão linda.

Mas o ponto principal foi a incompreensão de como Jesus nos foi apresentado na metade do século XX na cidade de Nova York, e provavelmente em todo o país. Fomos levados à igreja quando crianças. Olhávamos para cima, víamos Jesus na cruz e nos diziam que ele morreu na cruz pelos nossos pecados. Tudo certo. Mas o que isso quer dizer? Não tenho certeza. Ele é Deus, portanto, pode morrer na cruz, porque no fundo, no fundo, não deverá sofrer, já que é plenamente Deus e plenamente homem. Isso era confuso — claro, para Jesus é fácil, mas e para nós?

Quando sofremos, é diferente. Nós ficamos com raiva. Nós entendemos algo errado e depois, anos depois, nos damos conta de que estivemos errados até o momento. Sentimos medo. Pois bem, essa é a humanidade, e ela está também em Jesus, todinha. É parte da humanidade dele.

Tentamos mostrar que ele era completamente humano. Abraçar a morte é aterrorizante, e é por isso que eu pus a mão de Lázaro quase levando Jesus para a tumba com ele, e Willem Dafoe, que personifica Jesus, recuando. Ele se assusta porque se dá conta de que deve padecer. Toda a ideia de que para Jesus é fácil porque ele é Deus... não é assim. Jesus escolhe seu caminho, e é muito difícil. Era esse aspecto de extraordinária importância que eu queria transmitir.

Havia, porém, outro que considerava essencial. Li muitas traduções dos Evangelhos e estudei a história daquele tempo e daquele lugar, os publicanos, que eram coletores dos impostos, e o que isso significava, as prostitutas, o Sinédrio, e assim por diante...

E aí os fariseus e os escribas falam que tem um cara que sai por aí bebendo vinho com prostitutas e coletores de impostos. Hoje pensamos nos coletores de impostos como sujeitos com uma caneta no bolso, como funcionários públicos. Mas aqueles eram vândalos, gângsteres, gostavam de extorquir. Em outras palavras, Jesus andava com as piores pessoas e foi condenado por isso.

Quando fiz *Taxi driver*, representei muitos desses elementos. Nós rodamos o filme na Oitava Avenida, entre a 43rd e a 52nd. Agora é uma zona de prestígio, exatamente como aconteceu com meu antigo quarteirão. Na época, era o limite da civilização. Era assim que parecia. E é disto que Jesus falava: das pessoas que viviam na extremidade desolada da civilização. Com *A última tentação* eu queria fazer um filme para as pessoas que dizem: "Sou um bêbado, sou um viciado em drogas, sou uma prostituta, sou perverso, não tenho coração, na minha vida não há nada e não tenho nada a oferecer, não mereço ser amado, Jesus não poderia me amar." Esse é o Jesus que eu queria para *eles*. Foi essa a minha abordagem em *A última tentação de Cristo*.

Falando de outro filme, eu fiquei realmente impressionado com Silêncio. *O que significou para você? Eu o achei um filme bastante espiritual. Ele teve um impacto na sua vida, digo, o processo de pensar nele, e também de fazê-lo? E, depois de fazê-lo, esse filme deixou uma marca em você? Se sim, de que tipo? E, ainda, para você, é um passo adiante, levando em conta* A última tentação de Cristo? *E em qual direção?*

Os dois filmes foram muito importantes para mim. A realização de ambos exigiu um longo caminho, e nos dois casos o orçamento e a programação foram apertados. Com *A última tentação,* toquei em toda a iconografia da Igreja: o sermão da montanha, Getsêmani, a coroa de espinhos, tudo. E principalmente a crucificação. Todos ficamos tensos durante todo o período das filmagens, sentindo uma pressão constante. Com a crucificação, ficou muito intenso. Na minha cabeça, o filme nunca foi terminado de verdade. O clamor começou antes que tivéssemos acabado a pós-produção, e tivemos que lançar o filme antes de nos sentirmos prontos. Em certo nível, ele é realmente um *filme*? Ou está mais para uma tentativa de ver Jesus e a iconografia de Jesus sob uma nova luz e a partir de uma perspectiva renovada?

Entendi, então, que deveria aprofundar a história de Jesus mais do que fiz em *A última tentação de Cristo*. Porém, uma parte de mim se via obrigada a lidar com a iconografia — eu tinha que criar a crucificação, criar a ressurreição de Lázaro, criar o sermão da montanha. Precisei dar minha versão daquilo tudo. No fim das contas, eu diria que aquela não é de fato a história de Jesus. Senti a presença de Jesus comigo. Mas, pensando agora, minha abordagem ao fazer o filme foi autocentrada. Foi tão difícil no deserto e estávamos todos tão motivados... mas senti que não cheguei exatamente lá.

Em determinado momento, em uma fase avançada do processo, organizamos uma projeção da montagem bruta para pessoas de diversos grupos religiosos. Claro que as pessoas envolvidas no filme também estavam lá: meus produtores, minha montadora, Thelma Schoonmaler, e Tom Pollock, que na época dirigia a Universal. O padre John Keenan, um velho amigo meu, veio conosco. Eu e ele frequentamos o seminário preparatório juntos.

Era uma situação muito tensa, porque o filme, por si só, era já extremamente controverso antes ainda que alguém efetivamente o tivesse visto. Naquela sala de exibição havia pessoas que o detestariam, e sabíamos disso. Antes que a projeção começasse, me levantei para dizer algumas palavras, expliquei que o trabalho não estava completamente concluído e que depois da exibição haveria um debate — quem quisesse se unir a nós para um jantarzinho e discutir o filme seria bem-vindo.

Após a projeção fomos a um restaurante, e, de todos os participantes, os únicos que se apresentaram foram o arcebispo episcopal Paul Moore e sua esposa. Ele disse que o filme era "cristologicamente correto", o que foi encorajador.

Então nos sentamos, comemos e conversamos. Passamos um bom tempo falando entre nós sobre nossas vidas. Eu lhe descrevi como tinha crescido e onde. Ele me contou que servira durante a Segunda Guerra Mundial e que aquilo tivera um efeito profundo em sua vida. Da minha parte, sentia que tudo o que havia passado não poderia sequer ser comparado à sua experiência. Ele me disse: "Vou lhe dar um livro, o nome é *O silêncio*." Depois me descreveu a obra. Era 1988. Recebi o livro, mas esperei um pouco; não o li imediatamente. Levei-o comigo para o Japão em 1989, quando interpretei Van Gogh para Akira Kurosawa em seu filme *Sonhos*. Eu estava atrasado, porque precisava terminar *Os bons companheiros* e havíamos estourado o orçamento e os prazos.

Um aparte: eu fiz *Os bons companheiros* na Warner Brothers porque lhes devia um filme; o estúdio havia me liberado para fazer *A última tentação de Cristo* na Universal. Todos os executivos de estúdios sabiam o quanto era importante para mim realizar esse filme, e eu enlouqueci todo mundo com isso! Eles fizeram tudo dar certo. Foi admirável ver os diferentes responsáveis do estúdio reunidos para dizer: "Tudo bem, vamos desconsiderar o débito, vá em frente, e quando tiver terminado você faz esse outro filme aqui." Era *Os bons companheiros*... que também foi difícil de decolar. Mas, de qualquer forma, estávamos nos apressando para terminá-lo, e o grande mestre Akira Kurosawa, com 82 anos, estava esperando por *mim*. E eu tinha me atrasado!

Levei o livro comigo e o li pela primeira vez no trem-bala no Japão. Quando cheguei no trecho em que Jesus diz "pise em mim" para Rodrigues, fui arrebatado. Foi o momento em que me dei conta de que tinha que transformá-lo em um filme. Começou, então, uma odisseia de vinte anos com diferentes produtores, diferentes atores e todo aquele tempo tentando escrever o roteiro, tentando entender o que exatamente Endō procurava, o conceito, e o que passou Rodrigues, o que passaram Garupe, Kichijiro, todos eles. Além disso, tive que estudar a história do Japão e a dos jesuítas no país mais a fundo. Portanto, havia muito a ser feito.

Analisando agora, comecei a escrever o roteiro um pouco cedo demais. Ficamos travados em algumas cenas e o deixei de lado, e comecei a fazer alguns outros filmes — *muitos* outros filmes. Acho que foi por volta de 2009, quando finalmente botei os pingos nos is em termos de construção, que consegui convencer meu amigo Jay Cocks a trabalhar no texto comigo, e finalmente conseguimos um esboço que me agradava.

O problema, àquela altura, eram as questões jurídicas. Havia tantos produtores e tantas pessoas que faziam exigências sobre aquele trabalho que foram necessários mais quatro ou cinco anos para que alguns velhos amigos embarcassem e desatassem o nó górdio das reivindicações e das pendências legais para o filme. É por isso que esse filme leva tantos créditos de produção. Cada um fez alguma coisa, e em alguns casos tratou-se simplesmente de fazer parte do filme em todos os anos em que eu não o filmei. Mais dois anos se passaram, e eu estava quase conseguindo quando tive uma questão familiar e perdi o momento mais uma vez. Durante todo esse tempo, eu tentei me resignar com o que Rodrigues fez e com tudo aquilo que levou até o momento em que ele pisa no *fumi-e*.

Chegamos à pré-produção. No início, pensávamos em filmar no Japão, mas nos demos conta de que não era possível, por uma série de motivos. Foi Ang Lee que sugeriu Taiwan. Ele disse: "Vai lá, nós temos tudo." Acabamos usando os sets montados por Hou Hsiao-hsien para *A assassina*. A experiência foi extraordinária. A concretização de *Silêncio* teve um impacto em todos os membros da equipe. Foi outra filmagem muito cansativa, mais pesada do que a de *A última tentação de Cristo*. Nunca vi pessoas trabalharem tão duro e com tanto bom humor enquanto estavam às voltas com terremotos, tufões e a cobra de Taiwan: ao que parece, era a temporada de cobras e ninguém havia me avisado. Nós de fato filmamos durante um tufão, e os atores japoneses que tinham que subir nas cruzes, encharcados com a água que os atingia o tempo todo, insistiam em ficar lá em cima. "Desce", eu dizia. "Não, quero fazer outras cenas para você." Eram atores extraordinários.

Foi uma experiência muito bonita com Andrew Garfield e Adam Driver. A noite em que filmamos a cena em que Andrew deve pisar o *fumi-e* e os dublês estavam de cabeça para baixo nos buracos no chão foi muito difícil para eles. Quando filmamos, era por volta de cinco da manhã. E, no instante em que ele pisou o *fumi-e*, ouvimos o galo cantar! É verdade! E Andrew interpretou de um jeito tão bonito. Quem estava lá jamais esquecerá. Por volta das seis tomamos o caminho de volta, arrastando-nos para o hotel.

Ainda tenho tanta coisa na minha cabeça sobre *Silêncio*, tanta coisa sobre o trabalho missionário naquele momento. Isso se conecta diretamente com a época em que eu era jovem e via o comportamento e o exemplo de Jesus nas ações dos outros. No exemplo que o padre Principe me deu, e nas vezes em que eu estava doente e minha mãe ficou no quarto comigo e não me deixou sozinho.

"Por que essa pessoa é assim?", você se pergunta. "Por que estão indo tão além, dando tanto de si mesmos?" Então, você começa a explorar e vê o papel e a real presença da fé. Se você tem alguma fé em si mesmo, como eu tinha quando jovem, então pode se aprofundar, seu interesse pode aumentar. Quem sabe um dia você entenda que cada um de nós encontra a própria maneira de se tornar capaz daquele amor. Provavelmente esta é uma das coisas que Rodrigues finalmente compreendeu: que sua reação imediata à situação que enfrentou, seu modo de seguir Jesus, poderia ser o certo para sua própria cultura, mas não para a situação no Japão.

Ari Aster, comentando Silêncio, *disse que, somente ao negar Deus, Kichijiro se tornou um verdadeiro cristão. Você concorda com isso?*

Não, acho que ele pode ter feito uma simplificação. Ari é um cineasta único que gosta de arriscar, e seu discurso sobre o filme em geral é bastante articulado. Quando ele faz esse comentário, creio que Ari esteja falando da ideia de que só conseguimos aquilo que queremos quando deixamos ir, quando abrimos mão do controle. Quando você diz a si mesmo "não vou me apegar a isso, vou soltar"... e... de repente é quando você recebe a graça. Acho que é isso que acontece com Rodrigues. Com a ação de pisar no *fumi-e*, Rodrigues está, no fundo, abraçando o mistério da vida e da morte, ou seja, o mistério que é Jesus. É o grande mistério, a beleza, e nunca o conheceremos completamente. Mas enquanto o vivemos nós o abraçamos e tentamos fazer algo que, com a sorte de ter o dom do talento e o impulso obsessivo de criar, podemos chamar de arte. É um grande dom.

Há um ensaio de Flannery O'Connor em que ele referencia Tomás de Aquino ao dizer que uma obra de arte é um bem em si, e que aquilo que é bom em si glorifica Deus, porque reflete Deus. Vale para qualquer criação. E a arte é, fundamentalmente, uma tentativa humana de dar um sentido à existência. Você já sabe disso, claro.

Assim, o que Rodrigues faz não é abraçar o mistério, é abraçar as pessoas em volta dele, e escolher viver *com* elas. Elas não devem morrer na cruz. *Não devem* e ponto. Alguém comentou que eles são os verdadeiros heróis do filme. Consigo entender isso. Outros partem da posição de me criticar e criticar os cineastas em geral, por serem membros de uma elite cultural que bebe um pouco do catolicismo, um pouco do budismo ou de qualquer outra parte. Com eles, eu não posso concordar com coisa alguma. Quando pisa naquele *fumi-e*, Rodrigues sabe o que está fazendo. Lembro-me da noite em que mostramos o filme a um grupo de jesuítas em Roma, e a primeira pergunta que me fizeram foi: "Você faria isso? Você pisaria?" E eu respondi: "Bem, se Jesus me falasse, se eu ouvisse Jesus me dizer para pisar nele, pisaria." Era Jesus mesmo ou ele falava sozinho? No fim das contas, não é importante. O importante é que ele sentiu aquilo dentro de si e foi guiado pelo exemplo de Jesus.

No fim, acho que *Silêncio* foi uma tentativa muito especial de... compreensão. Se como filme essa tentativa foi bem-sucedida, não posso dizer. Mas é uma tentativa verdadeira de compreensão.

Ainda sobre Jesus, no roteiro que escreveu após ter lido o prefácio do papa Francisco, podemos ler: "Jesus contém multidões, e isso soa como uma citação de..."

Bem, isso é Walt Whitman. E Bob Dylan.

Walt Whitman, Bob Dylan. Exatamente, exatamente. Então o que você quer dizer com isso? Em que sentido Jesus contém multidões? Que tipo de multidões?

Acho que é bem óbvio. Jesus abraça toda a humanidade, e Jesus é toda a humanidade. Está mostrando a *todos* nós o caminho, o caminho para viver, para enfrentar a raiva, a vingança e o castigo, com amor, perdão e redenção, e assim por diante, dentro de nós e entre nós. Ele nos mostra o caminho. Não é fácil, como todos sabemos. Mas ele é o exemplo para as multidões, porque está em todos nós. É assim que enxergo.

Somos muitas coisas; existe o bem e o mal, e há também a violência, há muita violência em seus filmes. Em seu livro Absence of mind, *Marilynne Robinson escreveu que "somos brilhantemente criativos e, do mesmo modo, brilhantemente destrutivos", e é isso que torna inexplicável um ser humano. Você parece querer pôr em cena uma violência real, não uma violência grotesca e artificial. Mas por quê? O que a violência nos ensina? Qual foi sua experiência de violência? Ela nos ensina algo?*

Cresci em um ambiente muito violento. Era assim. Hoje muitas pessoas crescem em lugares muito violentos. Não estou falando das partes do mundo que estão em guerra, que é uma situação horrível. Falo dos tiroteios em massa aleatórios nos Estados Unidos, que acontecem com tanta frequência que acabamos banalizando sua existência. Eu nunca pensaria que estaríamos lidando com esse tipo de realidade, mas estamos. É uma vida violenta para muitas pessoas.

No meu caso, a violência que vi ao meu redor e que vivi se sobrepôs à violência emocional: em certo sentido, foi ainda mais aterrorizante. Penso que existem dois aspectos da violência e de sua presença em meus filmes. Antes de qualquer coisa, o ponto principal é quem somos. A violência vem de dentro, faz parte da condição humana. Negar sua existência só prolonga a situação e adia a prestação das contas. Devemos enfrentar o fato para entendermos que a violência está dentro de nós, na nossa natureza. Muitas pessoas que encontrei são muito doces, e eu me pergunto: o que acontece quando elas descobrem a violência dentro de si? A não ser que estejam preparadas, será um choque. Entender isso, e possivelmente superar seus efeitos, é a chave.

Há cerca de vinte anos eu estive em Washington com o Dalai Lama. Conversei com um monge tibetano com quem ele viajava, que me disse: "Vi seu filme *Gangues de Nova York*." Respondi: "Ah, receio que seja meio violento…" E ele: "Não se sinta mal — é sua natureza."

Eu fiquei muito comovido de repente. Sim, pode ser que seja minha natureza. Tudo bem, mas então tenho que lidar com ela. Devemos saber que somos capazes disso. É aí que começamos a entendê-la.

Um escritor veio ver meu novo filme, *Assassinos da lua das flores*. O filme se baseia em um grande ensaio de David Grann, fluido como um romance. Por volta da virada do século XX, os nativos norte-americanos Osage descobriram petróleo em sua reserva. Em pouco tempo, tornaram-se algumas das pessoas mais ricas do mundo. Depois, naturalmente, chegaram os especuladores brancos, os golpistas, os oportunistas, os ladrões e os assassinos propriamente ditos. Alguns foram "oficialmente sancionados", por assim dizer, mas a maior parte, não. Tinham farejado o dinheiro fácil. Houve então um esforço concentrado para assassinar praticamente toda a comunidade Osage pelo dinheiro do petróleo, com todos os meios imagináveis — tiroteios, atentados, álcool pesado e envenenamento planejado: homens brancos se casavam com mulheres Osage e depois as "ajudavam" a morrer para herdar suas propriedades e seus direitos petrolíferos. Esse período ficou conhecido como Reino do Terror Osage, e com razão.

Em todo caso, estava conversando com esse escritor, um homem famoso, e disse: "Um homem se casa com uma mulher, eles são apaixonados um pelo outro, têm filhos juntos, e depois… ele começa a envenená-la. Isso significa que somos todos capazes de fazer uma coisa dessas? Não consigo imaginar." E ele comentou: "Se uma pessoa é capaz de fazer isso, então todos somos capazes." Achei assustador, embora verdadeiro.

O ponto é que, se entendemos a violência, podemos nos encorajar a transformá-la em uma espécie de experiência estética intensificada, como fez Arthur Penn em *Bonnie e Clyde*, como fez Sam Peckinpah em *Meu ódio será sua herança*. A violência nesse filme é um choque que acomete o sistema, e parte do choque é o charme disso, a terrível beleza, o clímax do orgasmo, por assim dizer. É estilizada, mas reflete o impacto e a *alegria* da violência real — o tipo de alegria que os soldados em My Lai provavelmente sentiram. *Meu ódio será sua herança* surgiu da era do Vietnã, e de fato dialogou com toda a confusão, o ultraje e o horror que estávamos sentindo como um país.

Em relação a mim, não conheço nenhum outro modo de filmar a violência a não ser como a vi. A feiura da violência, sua dureza, que Fassbinder interpretava tão bem em seus primeiros filmes, era o que eu observava no meu bairro. Crescendo ali, também senti atração pela violência. Isso me leva àquilo que o monge me disse sobre *Gangues de Nova York*. Se você cresce próximo à violência, não é tão surpreendente que possa desenvolver uma espécie de atração por ela. Temos que entender isso e encarar. Temos que conhecer e enfrentar a verdade sobre nós mesmos.

No velho bairro, havia sempre brigas que podiam ser muito empolgantes, mas depois havia homicídios. Não presenciei homicídio, mas conhecia as pessoas que eram mortas, e não era nem um pouco divertido, nem empolgante e tampouco bonito, posso lhe dizer com segurança. Sei apreciar a belíssima coreografia da violência nos primeiros filmes de John Woo, nos filmes de artes marciais de Zhang Yimou, em *O grande mestre* de Wong Kar-wai. Mas porque nesse caso trata-se de um balé. É fenomenal, mas é ritualizado e extremamente estilizado, e nos afasta da realidade da violência. Não estou dizendo que eles fizeram errado, mas que isso nos afasta do impacto da violência real. John Ford entendia a violência. Sam Fuller também. Ele era um diretor de potência extraordinária. Cada fotograma dos filmes de Fuller fervilhava de violência emocional, e parecia que estava prestes a explodir a qualquer momento. É fácil me identificar com aqueles filmes.

Quando nos afastamos da experiência da violência, fazemos um desserviço a nós mesmos. Isso nos isola e, o que é mais perigoso, cria a ilusão de que podemos erradicá-la, mantê-la sob controle e talvez até nos vacinar contra ela. O que deve ser feito é compreender e abraçar a violência em nós mesmos.

Não é um momento fácil para ter fé em Deus, no amor de Deus. O papa Francisco fala de Deus e de sua misericórdia, seu nome é misericórdia. Uma vez você me disse, em uma entrevista que fizemos anos atrás, que quando era coroinha, ao sair da igreja após a missa, você se perguntava: como é possível que a vida continue como se nada tivesse acontecido, logo depois da missa? Por que não mudou nada? Por que o mundo não é sacudido pelo corpo e pelo sangue de Cristo? Você me dizia que essas eram as perguntas que fazia a si mesmo. Você vive a esperança de que as pessoas ainda possam sentir a presença dele? E o que é a misericórdia para você?

No início de *Caminhos perigosos*, Harvey Keitel diz: "Não se compensam seus pecados na igreja." Isso significa que, se não levamos uma vida verdadeiramente cristã, não vai ser na igreja que vamos consertar nossos pecados: fazemos isso na rua e em casa, e se dissermos que o fazemos uma vez por semana na igreja e na confissão, estamos nos enganando. A transubstanciação não pode acontecer apenas no templo: deve reverberar em todo o resto do mundo. Para que isso aconteça, temos que assumir a responsabilidade de fazer isso acontecer, por meio das nossas ações. Em outras palavras, devemos levar Jesus e Deus para fora da igreja, para as ruas e principalmente para as nossas casas. É uma necessidade, é a realidade. Consegui fazer isso na minha vida? Não tenho certeza. Creio que não. Tenho 80 anos agora e não sei. Mas então talvez o parâmetro certo não seja o "sucesso". É tentar e, se você falhar, continuar tentando.

Quando eu era jovem, comecei a me dar conta de que sempre aos sábados à noite todos nós saíamos, bebíamos, caíamos na gandaia a madrugada toda, para depois aparecer na missa de meio-dia e meia aos domingos. Como se pudéssemos fazer o que quiséssemos e depois tudo se acertaria, já que no dia seguinte iríamos à igreja.

Muitíssimas pessoas no meu bairro estavam realmente desesperadas. Havia um homem conhecido como um ladrão de primeira categoria, e sempre o víamos desfilar na procissão de São Roque. Ele rezava para ter a força para roubar mais. Quando conto assim, parece uma historinha engraçada, mas o protagonista era um homem tão desesperado a ponto de pedir a Deus que o ajudasse a fazer o mal. Ele se sentia como se não tivesse escolha. Como podemos julgá-lo?

A transubstanciação *deve* acontecer fora da igreja. Ir à igreja deve se tornar algo a mais do que pagar parcelas semanais de uma apólice ética. É de suma importância que os laicos participem desse esforço, encontrem seu caminho para incorporar Deus em seus corações.

Sabe, me impressiona o fato de que vemos e ouvimos constantemente as palavras "justiça e misericórdia, justiça e misericórdia". E me pergunto: a misericórdia não deveria vir primeiro? Porque a justiça pode facilmente, e tão facilmente, virar um grito de sangue, de punição, e cada vez mais, mais e mais, seguindo até o fim. Em algum momento isso tem que acabar.

Minha última pergunta, minha última pergunta. O tempo voa e gostaria de estar com você por horas e horas, mas estamos na última. O que é a graça de Deus? Nos encontros que tivemos, falamos muitas vezes da graça, e tenho que dizer — ou melhor, admitir — que aprendi muito. Como você experiencia a graça de Deus?

Essa é uma pergunta difícil. Você disse que aprendeu comigo, e devo admitir que isso, dito por você, é um grande elogio. Claro que não estava ensinando, estava apenas conversando. Como você sabe, não tenho conhecimento teológico; logo, quando falo, é sempre por experiência vivida.

Sei que toda a negatividade e a rejeição que recebi foram uma forma de graça. Para recomeçar, e de novo, outra vez... Em 1980, eu estava quase morto em um hospital, e de algum jeito me safei, me levantei e recomecei. Eu me lembro de ter contado a história daquele período da minha vida a um homem chamado Hyemeyohsts Storm. Ele olhou para mim e disse: "Naquele hospital você morreu. Depois ressuscitou." Ele é uma figura controversa na comunidade nativa, mas... estava certo. Ele estava certo.

Em novembro de 1963, duas semanas antes de John Kennedy ser assassinado, eu entrei no banco de trás do carro de um policial fora de serviço, um sujeito que conhecíamos. No meu bairro ninguém tinha um carro, a não ser os caras sensatos. Se você quisesse se deslocar, pegava o metrô. Os automóveis não faziam parte da nossa cultura, então era como se fossem uma novidade. Esse rapaz se comportava de modo arrogante e tinha um revólver. Não ostentávamos revólveres no bairro nem carregávamos um revólver. Era perigoso. Mas ele tinha um distintivo de policial, atrevimento, tinha sua pistola e seu conversível, e estávamos tão entediados que subimos a bordo e fomos dar umas voltas com ele. O sujeito estava sendo bastante mal-educado, mas o aturamos. Pensamos: "Ah, o cara tem um carro e talvez a gente possa ir tomar um café em algum lugar mais para cima ou talvez até sair da cidade por uma hora, já é alguma coisa." Na época, eu ainda frequentava a Universidade de Nova York e tentava ler Henry James. Ainda morava com meus pais na Elizabeth Street. Era uma vida dividida.

Havia outro rapaz no banco da frente, então eu e meu amigo Joe ficamos no de trás. As ruas estavam fervendo naquela noite, um monte de bebidas nos bares que abriam até tarde, os bares ilegais. À uma da manhã, naquela época, já ficava tudo escuro, em 1963 não havia iluminação nos portões da cidade, nem nenhum prédio. A luz só chegaria alguns anos depois.

Lá por volta das 2 horas da manhã, estávamos zanzando quando o sujeito freou de repente. Havia um carro adiante que fechava nosso caminho. Ele buzinou. Nenhuma resposta. Buzinou de novo. Nada. Ele então saiu do carro e se aproximou do motorista do carro da frente. Os dois tiveram uma discussão acalorada e depois o sujeito mostrou seu distintivo e seu revólver. O garoto do carro da frente disse apenas: "Tudo bem." Ele voltou para o carro, e o outro foi embora. Joe me olhou e disse: "Vamos deixar para lá, esse cara está sendo um idiota. Vamos encerrar a noite por aqui." Então demos boa-noite, voltamos para casa, e o rapaz e seu amigo foram embora. Cinco minutos depois, foram atacados por tiros no Astor Place. O garoto sentado no banco da frente perdeu um olho. Descobri na manhã seguinte. Topei com Joe e ele me disse: "Nós nos safamos por pouco. Ninguém sabe que estávamos no carro, então não comente nada. Graças a Deus saímos." Por que aconteceu aquilo? Teríamos sido assassinados ou pelo menos gravemente mutilados.

Então percebi: eu não pertenço a esse lugar. Foi duro para nós levantar, ir embora e começar uma nova vida;

hoje acho que pode ser difícil de entender, mas foi como aconteceu. Era preciso usar o que se tinha, construir a partir daquilo. Tive a orientação do padre Principe. Estava estudando na Universidade de Nova York. Tive o exemplo de uma revolução do cinema que explodiu no mundo todo. Havia a nova câmera leve e o equipamento de áudio, que deram a todos a possibilidade de realizar filmes autonomamente. Eu estava aberto a tudo aquilo, e apontava na direção do cinema: uma saída, o *meu* caminho, o *meu* percurso. E aquela experiência, na qual cheguei tão perto de ser assassinado, se tornou uma espécie de guia, talvez até uma exigência para que eu enfim *fizesse* alguma coisa.

Despejei no cinema tudo o que sentia e experimentava, todas as minhas perguntas, minha busca por Jesus, meu amor pela Igreja e minha família, pelas pessoas ao meu redor — e tudo desembocou na criação de *Caminhos perigosos, Touro indomável, Cassino*, de verdade, em todos os meus filmes, de um jeito ou de outro. De algum modo, consegui fazer carreira com esses filmes que, em sua maioria, eu *queria* fazer. O preço a pagar é que, enquanto você conquista o reconhecimento, também precisa suportar os períodos de rejeição, de "não ter futuro", como se dizia em Hollywood, e você precisa continuar a voltar. Recebi a graça de ouvir não, a graça de ser desprezado e o dom de dizer: "Tudo bem, agora vamos começar."

Um último pensamento sobre o amor e sobre a profundidade da compreensão de pessoas extremamente violentas. Em um suplemento literário britânico que eu gosto de ler, saiu uma crítica muito interessante de um filme meu, *O irlandês*. O autor, ótimo escritor, comentava que tinha gostado de alguns aspectos do filme, mas achava estranho que eu me preocupasse com a alma de Frank, já que não havia fornecido nenhuma "pista sobre a vida interior dele". Não digo para me defender, mas acho que ele errou o alvo. Aprendemos a conhecer a vida interior dos outros observando seu comportamento exterior e falando com eles. Com um homem como Frank, com todas aquelas pessoas naquele mundo, eles *não* falam. Sobre nada. A vida interior de Frank é expressa em seus olhos, em suas pausas e silêncios, em suas hesitações, no modo como ele retém as coisas. Mas falar? Autoanálise? O impulso começa a abrir caminho dentro dele só perto do final, quase inconscientemente, quando o peso que deve suportar se torna exagerado.

Portanto, senti que aquele escritor estava exprimindo um juízo moral, e que, no fundo, esse juízo implicava que algumas almas são menos dignas de preocupação do que outras. Mas os gângsteres são seres humanos; logo, não é uma questão de gângster por si só. Somos *todos nós*. É o que *nós* somos. Certo, é preocupante e incômodo. As pessoas pensam: "Como posso ser colocado na mesma categoria de um assassino? São só gângsteres, são só viciados em drogas, são só delinquentes." Não. Não podemos descartar toda uma grande parcela da humanidade desse modo. Somos *nós*.

O CORAÇÃO DA HISTÓRIA

Você me sugeriu ver dois filmes dos irmãos Dardenne, O filho *e* Rosetta. *Eles me tocaram profundamente. Os finais de ambos são excepcionais. Por que a dica? O que pensa desses filmes e por que os Dardenne?*

Admiro os irmãos Dardenne. Eles admitem e dramatizam a possibilidade da redenção, algo que me acompanhou e me obcecou por grande parte da minha vida. Não desviam o olhar da feiura ou dos aspectos duros da vida ao seu redor, mas a possibilidade da redenção está sempre presente para seus personagens. Quando essa possibilidade se apresenta, é de um modo desajeitado, incerto, como na vida real. Poderíamos dizer que os Dardenne fazem filmes de "suspense espiritual" sobre pessoas que vivem às margens da vida e que, de algum jeito, encontram o caminho. Elas não parecem ser nem boas, nem más, são apenas pessoas que lutam para fazer algo *mais* do que se limitar a sobreviver. Conseguem entrever um pouco da luz, seguem em frente aos tropeções e abrem a porta — para os outros. Acho isso muito comovente. Não são filmes fáceis de assistir, mas são tocantes e fontes de inspiração.

Você me presenteou com um livro muito bonito, A prática da presença de Deus, *do irmão Lawrence, um frade carmelita que viveu no século XVII. Como você o descobriu? Fiquei impressionado quando ele diz que "recebe a assistência de Deus sempre e em todos os lugares". Ele está acostumado com a presença constante de Deus. E outro trecho marcante: "Para estar com Deus não é necessário estar sempre na igreja. Podemos fazer do nosso coração uma capela." Continuei lendo e achei mais: "Ele não está mais angustiado pela necessidade de procurar e encontrar [a presença de Deus]; está sempre lá, ao alcance, cada vez que desejar." E para terminar: "Que grande erro considerar o momento da prece diferente de qualquer outro." O que marcou você no livro? Por que me recomendou? Ele descreve também a sua experiência?*

Eu tinha visto no YouTube uma palestra do mestre espiritual inglês Rupert Spira. Uma pessoa lhe pergunta sobre a eternidade, e ele responde que não é algo distante, como um lugar aonde vamos depois da nossa morte. Para Spira, o passado está sempre atrás de nós e o futuro está sempre à frente, incognoscível. Desenvolvemos as ideias de passado e futuro para dar a nós mesmos um sentido de estrutura. Ainda assim, tudo o que existe está aqui e agora... e nunca podemos alcançar. De fato, habitamos a eternidade. Foi uma coisa que ficou dentro de mim.

Conversei sobre isso com meu amigo Kent Jones, que escutou outro de seus podcasts, dedicado aos místicos cristãos. Spira falava demoradamente do irmão Lawrence da Ressurreição. Kent ficou intrigado e então achou esse livro. Ele o leu algumas vezes, depois achou uma cópia para mim, que li e depois dei a você.

A maravilhosa simplicidade do pensamento do irmão Lawrence me comoveu. Ele não era um teórico ou um teólogo como Meister Eckhart. Não escrevia sermões ou tratados. Compartilhava suas reflexões e experiências em conversas e cartas às pessoas que lhe pediam por orientação. Não era um santo. Era um ex-soldado que se converteu ainda jovem e se tornou um frei carmelita, trabalhando na cozinha por quase toda a vida. Vivia sua fé.

Quando era muito jovem, eu me perguntava: o que é a prece? Para que serve? O que significa rezar *por* alguma coisa? E por que a prece é confinada entre as quatro paredes de uma igreja? Em determinado sentido, irmão Lawrence respondeu a essas perguntas no curso de sua vida, como fica evidente pelas frases que você acabou de citar. Há outro trecho muito bonito em que ele decidiu fazer com que todas as suas ações tivessem como finalidade o amor de Deus, e ser feliz enquanto catava uma palha da terra pelo amor do divino, "buscando somente Deus, nada mais, nem seus dons". Em outras palavras, toda a vida é prece, e a prece não tem propósito ou finalidade. É a comunhão com Deus e é constante porque está sempre em toda parte. Admirável.

Assassinos da lua das flores *é um filme com extrema tensão espiritual. Bill/De Niro representa um homem corrupto radicado em uma visão da realidade marcada profundamente pelo mal. Vive para os prazeres terrenos e conhece as estratégias certas para fazer com que o mal pareça o lado certo. Por sua vez, Ernest/DiCaprio é um jovem puro cuja única gana é viver, e é privado de qualquer estratégia. Bill se insinua em seus pensamentos e sentimentos, contaminando seu desejo pelo bem com o desejo de posse. No fim, qual é a diferença entre os vários "modos" de fazer o mal? Qual a diferença entre um homem corrupto e um pecador?*

Imagino que você se refira às intenções dos personagens. Qual é a diferença? E em qual nível? Espiritual? Moral? Um tem um plano, o outro não, e ambos fazem o mal. Imagino que Dante teria colocado Bill em um círculo do inferno mais baixo em relação a Ernest, mas podemos medir os níveis do mal? No caso de Ernest, estamos falando de ilusão, fraqueza, evasão. Mas no fim Ernest *tenta* se redimir. Não consegue, mas tenta. Bill, por sua vez, se esconde atrás de um comportamento tortuoso de hipocrisia e retidão até o fim de seus dias. Acho que é *essa* a diferença entre eles.

O personagem de DiCaprio é de grande complexidade e de envolvente realismo espiritual. Você sempre coloca o ser humano diante de suas escolhas, que nunca são óbvias ou previsíveis. Nos seus filmes, tem real relevância a liberdade do ser humano em fazer o bem ou fazer o mal? Ou melhor, você acredita na "predestinação" dos personagens?

É sempre importante "pôr os seres humanos diante de suas escolhas", como você disse. Como diretores de ficção, sabemos o que farão nossos personagens e como vão acabar. Contudo, do jeito que contamos as histórias, e principalmente no trabalho com os atores, acredito que é importante manter sempre presente o mistério da humanidade. Por que alguém faz determinada coisa? Por que *isso* e não *aquilo*? É um mistério, até para nós.

Preciso acrescentar que acho que os diretores aprofundaram muito tais questões a partir do fim dos anos 1940, ou seja, quando o poder criativo do diretor e o dos atores se encontraram no mesmo nível e depois isso pendeu para o lado dos atores. Começou com os filmes de Elia Kazan, com o Actors Studio, Stella Adler e Sanford Meisner. As coisas mudaram. Diretores e atores se tornaram exploradores e se uniram para iluminar os mistérios do ser humano.

O livre-arbítrio certamente tem importância nos meus filmes, caso contrário não estaríamos falando de redenção. Quando o padre Principe nos dizia "não vivam desse modo", isso significava que existe outro modo, um atalho espiritual, que não apenas os levará para fora desse bairro, mas abrirá seus corações e suas mentes como nem sequer imaginam. Ele nos fazia entender que éramos livres para *escolher*.

A predestinação é algo que pode ser contemplado apenas como um conceito. Se existe, é em uma dimensão e em uma forma que nunca poderemos entender. Parece algo inventado para nos torturar, para nos trazer uma espécie de álibi espiritual: se já estou condenado, então posso fazer o que quiser, quando quiser. Conheci pessoas que se comportavam dessa forma, associando os pecados que cometiam contra o Espírito Santo a uma ideia infantil de predestinação. Em outras palavras, cometiam um pecado considerado imperdoável pela Igreja, portanto deviam ser predestinados a morrer sem redenção. Só que isso vai na direção oposta ao coração do ensinamento de Jesus: a porta da redenção está sempre aberta. Por isso, não importa como ela seja definida, não estou certo de que a predestinação tenha uma ligação tão direta com o exemplo de Jesus.

Onde é o coração desse filme? Onde reside a emoção? Como ele mudou a sua vida? Existe algo que marcou você de modo inesperado?

Quando preparávamos o filme, fui a um grande jantar em Gray Horse. Havia 250 membros da comunidade Osage lá, alguns com a roupa de cerimônia. Era uma grande refeição, seguindo as tradições. Alguns se levantaram para tomar a palavra. Expressaram emoções muito diferentes: preocupação, apreensão, apoio, tristeza, entusiasmo. Aos poucos, a catástrofe adquiria um rosto. Todos estavam vivendo aquilo. Suas famílias tinham vivido na própria pele os homicídios e as traições.

Alguns se perguntavam se eu era a pessoa certa para contar essa história, dada a preocupação com a violência de alguns dos meus filmes. Uma mulher que se chamava Brandy Lemon disse que entendia a inquietação deles, mas que havia se tranquilizado após ter visto *Silêncio*. Depois, de surpresa, tomou a palavra Margie Burkhart, neta de Mollie e Ernest. Ela disse que a coisa mais importante a se lembrar era que Ernest e Mollie se *amavam*, que a relação deles era de amor. Não era uma mera definição clara de vilões e vítimas. Ao escutar aquilo, as coisas mudaram para mim. Foi como se eu abrisse os olhos pela primeira vez, e comecei a ver as coisas de um jeito diferente. Comecei a entender que a relação entre Mollie e Ernest podia, sim, ser o coração da história. Era um microcosmo no qual se refletia a tragédia do reino do terror, uma terrível espiral de amor e morte. Em certo sentido, isso valia também para o personagem de Bob De Niro. Bill falava a língua Osage, conhecia a cultura deles de trás para a frente, amava-os de verdade. Mas era o amor distorcido de um pai terrível que troca as vidas de seus filhos por dinheiro e poder.

A confiança e a amizade cada vez mais fortes que estabeleci com tantos membros da comunidade Osage me marcaram muito. Nunca poderíamos ter concluído o filme sem esse laço. Como fiquei com eles por muitos meses, aprendi a conhecê-los individualmente, como pessoas. Como verdadeiros amigos, ligados por uma relação de compreensão e de confiança. Confiança... uma palavra que é usada com muita frequência hoje e que pode se esvaziar de significado e de impacto, mas foi o que aconteceu conosco. Conseguimos confiar uns nos outros. Foi um grande presente.

Nos créditos finais no filme, em determinado momento se ouve o zumbido de uma mosca. No único momento do filme em que o ouvimos é quando Ernest é interrogado, obrigado a ficar em pé. Ouvir aquele barulho ao fim no telão preto me deu a impressão de que, no fim das contas, Ernest sou eu, o espectador, chamado a prestar contas de mim mesmo e das minhas ambiguidades. Como todos nós...

As moscas estavam por todo lugar no set... Em uma cena, quando Ernest dá o veneno a Mollie e a vê perder os sentidos, de repente ele tem medo de que ela morra. Naquele momento uma mosca pousa no pescoço de Leo. Sua reação é tirá-la, dando um tapa com força em si mesmo... Ele incorporou essa ação na cena, como se Ernest tentasse expulsar o mal que o rodeava. Trabalhamos com isso e decidimos repetir a mesma coisa no primeiro interrogatório que lhe faz Tom White, do FBI.

Ernest ama Mollie, mas envenena seu amor. Algumas vezes todos nós acabamos envenenando quem amamos? Como é possível fazer essas duas coisas ao mesmo tempo?

A relação entre Ernest e Mollie é ainda mais profunda do que isso. Ele a amava. Ela o amava. Ele sabia, de certo modo, o que estava dando a ela. Mollie confiava nele. Talvez soubesse, em um nível instintivo, mas decidiu não pensar naquilo. Às vezes, as pessoas chegam a esse ponto. São coisas que acontecem com mais frequência do que pensamos, creio eu. Como é possível? Acredito que muitas pessoas constroem narrativas para si mesmas, blindando o que não querem ver e as emoções que não querem sentir, mas que, de todo modo, estão presentes. Verdades que são insuportáveis demais, que estão em contraste com o modo como *deveriam* ser as coisas. É difícil de aceitar. Mas é assim.

Por que você aparece no fim do filme? Quem é Scorsese nesse filme? Com quem se identifica? Por que você pôs uma assinatura tão reconhecível?

A sequência do programa de rádio nos leva ao mundo do puro espetáculo. Tinha que ser algo que nos afastasse da história que estávamos contando, para nos levar à história dos homicídios como é narrada, e que depois se perdeu na cultura. Ou eu deveria dizer *pela* cultura. Essa versão sensacionalista conservava o entusiasmo e o enredo, mas deixava de fora toda a dor e todo o sofrimento, a genuína tragédia do Reino do Terror Osage. Eu me baseei nos programas de rádio da época, toda aquela tragédia condensada em um espetáculo a ser facilmente consumido em 22 minutos, pensado para promover o FBI.

Nos anos 1930, de fato virou um programa de rádio, e agora é um filme em 2023, e eu sou o diretor. Quando filmamos a cena na Cardinal Hayes, onde fiz o ensino médio, não escalei ninguém porque no fundo sentia que devia ser eu ali. Não tinha certeza sobre essa escolha, mas decidi tentar. Minha família estava no set nesse dia. Eu falava de Mollie enterrada ao lado de seu pai, sua mãe, as irmãs e a filha, enquanto minha mulher, minha filha e minha neta estão perto. Ao repetir essas palavras, tomada após tomada, o ritmo e a ressonância delas começavam a entrar em mim e a fazer efeito, e foi tudo muito natural e triste.

No fim das contas, faço parte daquela grande sociedade que havia dominado e quase destruído os Osage e sua cultura. Em certo sentido, isso me atribuía uma espécie de culpa, com a qual aceitei me confrontar diretamente. Achei que era justo me colocar diante da câmera e falar com o público. Quando entro em cena, os artifícios se dissolvem, o tom muda, tudo diminui de velocidade e sou eu falando com os espectadores. Eu digo: "Essas pessoas são de verdade, essas coisas aconteceram mesmo..." E... então, a frase final: "Não houve menção aos homicídios."

Isso leva à sequência final da dança em volta do tambor, que é completamente contemporânea. É como sangue que corre em um corpo, a cultura Osage como organismo vivo, apesar de tudo, de todas aquelas mortes, de todo aquele horror.

Baseado no best-seller de não ficção de David Grann publicado em 2017, Assassinos da lua das flores *conta a história do brutal genocídio da nação Osage em Fairfax, Oklahoma, nos anos 1920. O filme é também uma homenagem aos Osage. Não é um filme de gângsteres. Os criminosos não são parte de uma sociedade fechada, exclusiva, que exige uma forma de iniciação. Foi uma conspiração pública, que nos lembra que os maus nem sempre perdem. Estamos em 2023: o mundo está inflamado de guerras e violência. A ordem global está em crise. O que esse filme nos diz sobre o que o papa Francisco chama de "Terceira Guerra Mundial em pedaços"?*

Assassinos da lua das flores, no fim das contas, é um filme sobre o poder. Poder alimentado pela ganância. O poder é a tentação mais forte de todas. Em algum lugar há sempre alguém lutando por poder. Vamos considerar os últimos quarenta anos. Os soviéticos no Afeganistão. A horrível guerra entre Irã e Iraque. A nossa invasão do Iraque, onde quase tudo deu errado. O pesadelo da Síria. A Ucrânia. E assim por diante. Não acaba nunca.

Volta-se à questão da violência dentro de nós. Temos a tendência de desviar o olhar. Nós a negamos. Dizemos a nós mesmos que somos superiores a ela. A fantasia de que não tem nada a ver conosco nos consola. Acredito que a única verdadeira esperança seja a mudança que vem de dentro, um ser humano por vez. Devemos começar nos confrontando com a possibilidade da violência dentro de nós.

O Reino do Terror Osage foi uma questão de poder e de ganância. Foi muito fácil, para Bill Hale e todos os outros assassinos, desumanizar os Osage, mas esses homens e mulheres não foram assassinados porque eram Osage, foram assassinados pelo dinheiro. Foi a *única* coisa que os assassinos conseguiram tomar deles. Os Osage ainda têm uma cultura extraordinária, que agora está em processo de renascimento e reconstrução.

Roteiro para um possível filme sobre Jesus

por Martin Scorsese

Fiquei profundamente tocado pela introdução do papa Francisco a Uma trama divina, *livro do padre Antonio Spadaro, e seu chamado aos artistas me comoveu profundamente. Queria responder ao chamado e resolvi fazer isso desta forma.*

Começamos mergulhados na escuridão.

Uma pintura do rosto de Jesus ilumina o enquadramento de repente… e logo desaparece na escuridão.

CORTE para uma série de imagens: uma cruz de madeira simples pendurada acima de uma cama bem arrumada no apartamento de um cortiço… vitrais de igreja com cenas que retratam a vida de Jesus… uma escultura de mármore de Maria embalando o corpo de Jesus nos braços… uma pequena cruz de ouro ao lado da imagem popular de Jesus orando em direção aos céus… um menino sentado à mesa olhando para o alto, para a cruz ao lado de desenhos elaborados e coloridos para um filme imaginário chamado *A cidade eterna*.

Mais imagens de Jesus: outros retratos familiares de Jesus que são produzidos em massa, breves cenas comoventes de *Intolerância*, a versão muda de *O rei dos reis*, *O manto sagrado* e a versão sonora de *O rei dos reis*.

VOZ: Como milhões de outras crianças no mundo todo, cresci rodeado por imagens de Jesus, todas baseadas em uma ideia comum de sua aparência e de seu comportamento: bonito, com maravilhosos cabelos compridos e barba, ascético, pio…

Uma cena do *Evangelho segundo São Mateus*, de Pasolini: o sermão da montanha.

VOZ: No momento em que a ideia de fazer cinema se tornou realidade, planejei um filme sobre Cristo no mundo moderno, com roupas modernas, rodado em 16 mm e em preto e branco pelas ruas de Nova York, com apóstolos de terno e gravata em corredores velhos, descascados e expostos às intempéries, com a crucificação ambientada no cais do West Side e policiais no papel de centuriões — o meu mundo. Mas depois vi o Cristo de Pasolini. A ambientação não era moderna, mas a sensação que transmitia, sim. Havia a iminência de Cristo. Pasolini nos apresentava um Jesus grande parte do tempo inflamado, enraivecido, que lutava... Seu filme tornou o que eu planejava fazer um tanto redundante, mas me inspirou a ir mais longe.

Uma mesa de edição. Uma imagem na tela mofada de uma velha mesa de edição, que é congelada. Surgem mãos, elas pegam a película e a cortam.

VOZ: *Como representar Jesus no cinema? Refleti sobre isso ao longo dos anos e fiz minhas tentativas. E as palavras de Sua Santidade me trouxeram um novo estímulo, uma nova referência.*

A mão na mesa de edição vai para um "cesto" de linho, com tiras de película numeradas penduradas em ganchos no topo. Uma tira é escolhida, posicionada na coladeira, então aplica-se uma fita nela e a mão pressiona o metal para selar a união entre as duas imagens.

VOZ: O cinema nunca trata de imagens isoladas. São imagens em movimento, *mas, são principalmente, imagens postas juntas. Pegamos uma imagem e a colocamos ao lado de outra, e uma terceira imagem é provocada na mente. Isto é o cinema: ele comunica por meio de uma impressão ou uma ideia criada na mente e no coração, que não existe na realidade. É nessa esfera eterna, entre as imagens do real, do nosso mundo, que se pode sentir a presença de Jesus.*

CORTE para a Grand Central Station, na cidade de Nova York.

Movimento constante vindo de todas as direções, pessoas que entram e saem dos trens, que correm em direção ao metrô, que procuram outras pessoas, e outras que simplesmente... *vão*... Uma tela de Bruegel em movimento, que ameaça transbordar do enquadramento e nos engolir.

VOZ: *Jesus contém multidões. Ele é constante. Está presente em todos os esforços quando sentimos o impulso de agir movidos pelo amor, mesmo se não conseguirmos. Ele está presente em cada indício de amor. Não o amor por uma coisa ou uma pessoa específicas, mas o amor como uma fonte de poder.*

A câmera voa pelo meio da multidão e fica mais lenta perto desse rosto, depois daquele, depois em outro e mais outro — vidas individuais que são vividas bem *aqui* e *agora*...

Uma jovem mulher entra no metrô, onde todos tomam seus lugares reservando o próprio espaço, pega o celular e começa a correr o dedo... não é a única a fazer isso.

VOZ: *Em Mateus 10, Jesus diz que não veio para trazer paz, mas a espada. É uma incitação à violência? Obviamente não. Eu acredito que é um chamado a ir além de todas as dúvidas e procurar Deus dentro de nós mesmos, a sensação autêntica, dentro de todos nós, de agirmos movidos pelo amor.*

As portas do metrô se abrem.

Entra um homem. Ele está nojento, sujo, usa roupas esfarrapadas.

De uma grande bolsa de plástico reforçada, cheia de jornais e potes de plástico, ele pega um copo e segue reto na nossa direção.

Ele faz um discurso – perdeu o apartamento em um incêndio, precisa conseguir mais três dólares para pagar uma cama limpa para passar a noite – e então começa a cantar com voz estridente.

Avança cambaleando pelo vagão lotado, com sua grande bolsa volumosa.

Todos estão nervosos, desviam o olhar. Alguns passageiros dão olhadas fugazes, a maior parte olhando fixamente para outro lado

O homem se torna agressivo, até insultante.

A mulher não desgruda os olhos do celular.

Está quase na vez dela. Ele está se aproximando.

Ela tem dinheiro na bolsa, mas…

… as notas de um dólar estão dobradas embaixo das notas de maior valor, ou é o contrário? Seria constrangedor se ele a visse procurar entre as notas de dez e vinte dólares para lhe entregar só um dólar.

Se ela for a única a lhe dar algum dinheiro, o que as pessoas ao redor dela vão pensar? Vão julgá-la?

Ansiedade.

O homem se aproxima. Está mais perto…

De repente…

Ela ergue o olhar do telefone e fita o homem diretamente nos olhos…

… ele olha nos dela. Ficamos neles, permanecemos *no interior* de sua troca.

VOZ: Você se surpreende, realmente enxerga alguém e reconhece a humanidade dessa pessoa… ali está a espada de Jesus, que corta qualquer compromisso com os hábitos, os álibis, os comportamentos ocultos que nos mantêm a uma distância de cortesia uns dos outros… e vai diretamente ao coração do amor.

Permanecemos ali, com aqueles rostos…

VOZ: *A revelação pode chegar em qualquer lugar e a qualquer momento — em uma sala de reuniões importante, nas colinas de Oklahoma, no pátio de uma prisão de segurança máxima, em um aeroporto ou no Starbucks, em um museu ou em uma grande caixa de papelão que alguém transformou em um abrigo improvisado, em um salão de concertos ou em uma câmara de tortura.*

O momento acaba, o homem não se dá ao trabalho de esperar pelo dinheiro e sai se arrastando, a mulher reúne suas coisas.

VOZ: *A vida nunca para. Contudo, aquele momento pode abrir a porta para uma mudança verdadeira. Agora, atravessar a soleira? Já é outra história. É assustador. Talvez seja por isso que Jesus usou a imagem da espada.*

A mulher desce do metrô… e é tomada pelo enxame da humanidade. De novo Bruegel.

VOZ: *Pintores, compositores, romancistas, coreógrafos, cineastas… nós continuamos tentando… Não se trata de buscar respostas ou fazer declarações. Pro-*

curamos criar algo que se assemelhe à vida como é vivida… dar forma a… o quê? A esse mistério inexplicável, em eterna mutação. Continuamos a tentar, na esperança de, no fim, conseguir encontrar algo que exprima esse mistério. Para alguns de nós, tentar descrever o que acontece ao nosso redor nesses momentos de revelação é a essência do nosso trabalho.

Um trecho do filme francês de 1945 *Le père Serge*.

VOZ: Sempre considerei que não existe algo como "velho" ou "novo" na arte; a arte é uma conversa constante. E as histórias e os filmes que me inspiraram também fazem parte desse retrato em mosaico. Como a história de Tolstói sobre um aristocrata que, após uma desilusão amorosa, torna-se um homem santo. Ele acredita ter alcançado a verdade espiritual trancando-se em uma gruta, mas depois se dá conta, de repente, de que não está certo e sai para o mundo, à procura…

Um trecho do filme de Bresson, *Diário de um padre* (o padre interagindo com a moça mentirosa).

VOZ: A história de Georges Bernanos e Robert Bresson do padre doente que luta até a morte pelas almas de seus paroquianos, não importa o quanto o atormentem e o açoitem...

Um trecho de *Europa '51* (Irene acenando pela janela do hospital para as pessoas que ajudou).

VOZ: A história de Roberto Rossellini sobre uma mulher encorajada pela morte do filho a dedicar-se inteiramente aos necessitados e que acaba por ser internada em um hospital psiquiátrico... onde continua a ajudar os outros.

Um trecho de *Silêncio*: Kichijiro, que volta após outra traição. / Um trecho de *O irlandês*: Frank pedindo ao padre que deixe a porta entreaberta.

VOZ: Vamos todos refletir sobre os esforços que fizemos no nosso trabalho... as pessoas que pairam indecisas à soleira da redenção, trêmulas e cheias de medos...

Um trecho de *Touro indomável*: Jake La Motta sob um raio de luz na prisão de Dade County.

VOZ: … e as pessoas que, de alguma forma, se veem diante da soleira da redenção e a atravessam…

Um clipe de *Caminhos perigosos*: Charlie na igreja.

VOZ: As pessoas que presumem que podem escolher sua penitência e escaparem impunes…

Um trecho de *Silêncio*: Ferreira confrontado com o *fumi-e* / Um trecho de *Vivendo no limite*: Frank cuidadosamente entuba o homem que teve um ataque cardíaco.

VOZ: … ou seu papel espiritual…

Um clipe de *Cassino*: Joe Pesci e Sharon Stone fazendo amor pela primeira vez, em febre.

VOZ: … ou as pessoas que vivem em um estado de ilusão.

Na mesa de montagem: a imagem de *Cassino* congela.

VOZ: Tentamos encontrar finais para nossas histórias que deem forma à vida como todos a vivemos. Caminhando trôpego, percebo que talvez eu crie filmes que levam a mais perguntas, mais mistérios.

É feito um corte — as mãos procuram no cesto outra cena do filme — a encontram, fazem uma colagem — e enfiam de novo a película na máquina.

VOZ: *Então qual é o fim deste filme provisório?*

CORTE para o monastério de Santa Catarina, aos pés do monte Horebe e do monte Sinai.

Acompanhamos um homem, uma mulher e uma garota pelas portas do monastério, atrás de um guia.

VOZ: *Uma viagem ao Egito que fiz com minha mulher e minha filha mais nova.*

Caminhamos por antigos corredores de pedra e com curvas estreitas.

VOZ: *Estamos aos pés do monte Sinai, no antigo monastério de Santa Catarina, um museu — há relíquias e objetos sagrados à vista, tão preciosos que são iluminados apenas um minuto por vez.*

Nos encontramos em uma pequena sala na escuridão.

VOZ: *Viro no canto da sala, a luz de repente é acesa...*

Foco no meu rosto, espantado, entre minha mulher e minha filha, também espantadas.

VOZ: *É um Cristo Pantocrator, bizantino, do século VI.*

É a pintura que vimos por um instante no início, a luz caindo sobre ela.

VOZ: *Foi pintado com a técnica encáustica, e isso lhe confere um poder ainda maior, mais profundo.*

O rosto da minha filha, quase aterrorizado.

VOZ: *Seu poder de fazer o quê?*

O rosto da minha mulher, extasiado.

VOZ: *Por qualquer que seja a razão — o momento da minha vida, o fato de que eu estava com pessoas queridas para mim, o fato de termos nos deparado com ela sem nenhum aviso prévio —, de todas as representações de Jesus que já vi, esta é a que me tocou mais diretamente...*

Vê-se meu rosto, que encara.

VOZ: *... que me comandou a responder. Teve sobre mim o impacto que descreve Sua Santidade, um impacto profundo. Uma pergunta se formou e veio à luz. A pergunta...*

Vê-se meu rosto, e minha voz pergunta: "O que Cristo quer de nós?"

CORTE para a pintura.

VOZ: *A pergunta persiste. E essa pintura do século VI, que olhou direto para dentro da minha alma, essa experiência tão pessoal, abriu a porta para novas imagens de Jesus, novas formas de vê-lo... aqui... agora... Acredito que, se eu tive uma experiência desse tipo, outros também podem ter e irão encontrar sua maneira de refletir Jesus em nós sob uma nova luz.*

A luz irradia da pintura, inundando a sala e, depois, todo o enquadramento.

FIM

Este livro foi composto na tipografia
Adobe Garamond Pro, em corpo 12/17, e impresso
em papel off-white no Sistema Cameron
da Divisão Gráfica da Distribuidora Record.